*» economia
internacional:
teoria e prática*

EDITORA
intersaberes

Armando João Dalla Costa
Elson Rodrigo de Souza Santos

economia internacional:
teoria e prática

EDITORA intersaberes

Av. Vicente Machado, 317 . 14º andar
Centro . Curitiba . Paraná . Brasil . CEP 80420-010
Tel.: (41) 2103-7306 . www.editoraintersaberes.com.br . editora@editoraintersaberes.com.br

Conselho editorial
> Dr. Ivo José Both (presidente)
> Drª. Elena Godoy
> Dr. Nelson Luís Dias
> Dr. Ulf Gregor Baranow

Editor-chefe > Lindsay Azambuja
Editor-assistente > Ariadne Nunes Wenger
Editor de arte > Raphael Bernadelli
Preparação de originais > Alex de Britto Rodrigues
Capa > Regiane Rosa
Projeto gráfico > Raphael Bernadelli
Iconografia > Danielle Scholtz

Dados Internacionais de Catalogação na Publicação (CIP)
(Câmara Brasileira do Livro, SP, Brasil)

Dalla Costa, Armando João
  Economia internacional: teoria e prática / Armando João Dalla Costa, Elson Rodrigo de Souza Santos. – Curitiba : InterSaberes, 2012.

  Bibliografia
  ISBN 978-85-65704-69-4

  1. Economia 2. Economia mundial 3. Globalização 4. Relações econômicas internacionais I. Souza Santos, Elson Rodrigo de. II. Título.

12-06393   CDD-337

Índices para catálogo sistemático:
1. Economia internacional 337

1ª edição, 2013.
Foi feito o depósito legal.

Informamos que é de inteira responsabilidade dos autores a emissão de conceitos.

Nenhuma parte desta publicação poderá ser reproduzida por qualquer meio ou forma sem a prévia autorização da Editora InterSaberes.

A violação dos direitos autorais é crime estabelecido na Lei nº 9.610/1998 e punido pelo art. 184 do Código Penal.

Sumário

apresentação7

Como aproveitar ao máximo este livro12

1 principais modelos de comércio internacional14

2 comércio internacional, distribuição de renda, crescimento econômico e bem-estar36

3 fatores de competição e competitividade internacional62

4 políticas comerciais, protecionismo e estratégias de industrialização88

5 Organização Mundial do Comércio (OMC), acordos comerciais e blocos econômicos[114]

6 noções básicas sobre macroeconomia internacional[140]

7 sistema monetário internacional e reflexos sobre o Brasil[164]

Considerações finais[213]

referências[217]

respostas[223]

Sobre os autores[229]

apresentação

Se você lê jornal, assiste a notícias na televisão ou acessa a internet deve ter percebido que existem assuntos da economia brasileira relacionados com a economia internacional. Outra maneira de verificar essa relação de nossa economia com a de outros países é conversando com algumas pessoas que viajaram recentemente ao exterior. Esses turistas percebem que, quando a nossa moeda, o Real, está valorizada em relação ao Dólar dos Estados Unidos, fica mais barato viajar para fora ou então comprar produtos importados. Por outro lado, quando essa valorização ocorre, as empresas exportadoras reclamam que seus produtos perdem competitividade no mercado internacional.

Nos últimos anos, especialmente depois da virada do milênio, algumas empresas brasileiras voltaram-se para o mercado internacional, com vistas, por exemplo, aos países da América Latina, da América do Norte e da Europa. Podemos citar o caso da Petrobras, no ramo do petróleo e derivados, que passou a vender a tecnologia de exploração em águas profundas e ultraprofundas nos cinco continentes; o caso da

Embraer, que desenvolve e fabrica aviões no interior de São Paulo, mas os vende quase todos no mercado internacional; e o caso da Brasil Foods (antigas Perdigão e Sadia) e da Friboi, que dominam os mercados de bovinos, suínos e aves e se constituíram, em anos recentes, em duas das maiores empresas do mercado mundial. Poderíamos falar, também, de outros grupos, como a Vale, a Gerdau, a Marcopolo, a Weg. Desse modo, a presença das firmas brasileiras no mercado externo constitui um tema da economia internacional.

Você deve ter ouvido falar que, no governo do presidente Luiz Inácio Lula da Silva, o Brasil quitou sua dívida com o Fundo Monetário Internacional (FMI), acumulou mais de 200 bilhões de dólares em reservas no Banco Central e emprestou dinheiro ao FMI (em vez de pegar emprestado como fez regularmente nos últimos 50 anos). Pois bem, esses temas todos também têm relação com a economia internacional.

Você não entende nada disso? Gostaria de começar a entender? O livro que está em suas mãos e que você começa a ler tem a exata função de ajudá-lo a fazer isso. Ele serve para dar uma ideia geral sobre a economia internacional e os principais assuntos relacionados com a ela.

Para melhor apresentar os temas, os autores dividiram o texto em sete capítulos. Nos cinco primeiros, conheceremos o comércio internacional e, nos dois últimos, os conceitos de macroeconomia internacional e sistema monetário internacional.

O primeiro capítulo trata dos modelos de comércio internacional, destacando os mais utilizados pelos economistas e estrategistas. Discute, ainda, as vantagens comparativas que uma nação possui em relação às demais e por que opta em produzir mais determinados bens do que outros.

O segundo reúne diversos assuntos, com destaque para a distribuição de renda, o crescimento econômico e o bem-estar. Lendo esse capítulo do livro, você pode formar uma ideia inicial sobre esses temas e começar a entender por que é importante os países se relacionarem entre si.

Na sequência, temos o terceiro capítulo tratando dos fatores de competição e competitividade internacional e crescimento econômico. Nele são descritas as economias de escala e as imperfeições de mercado, assim como a mobilidade dos fatores de produção e o papel da tecnologia na competitividade do país.

O quarto capítulo explica a função das políticas comerciais e do protecionismo, enfatizando como são utilizados para proteger os produtores nacionais da competição externa e como funcionam dentro do modelo de desenvolvimento dos países.

O quinto capítulo, último sobre comércio, apresenta um estudo sobre as instituições multilaterais, como a Organização Mundial do Comércio (OMC), resgatando sua história, e trata dos principais blocos econômicos, com destaque para o Tratado Norte-Americano de Livre-comércio (North American Free Trade Agreement – Nafta), a União Europeia (UE) e o Mercosul, que estão mais relacionados ao Brasil.

No sexto capítulo, são discutidas as noções básicas de macroeconomia internacional, com destaque para a contabilidade nacional e a balança de pagamentos.

O último capítulo segue abordando o sistema monetário internacional. Nele estudamos a evolução do sistema financeiro internacional, sua importância, dinâmica e papel das moedas nacionais dentro das trocas internacionais.

Além do conteúdo dos capítulos descrito, você encontra neste livro estudos de caso para exemplificar cada um dos principais temas, uma síntese dos assuntos discutidos e questões que podem ajudar a fazer uma revisão e verificar se você conseguiu entender os temas tratados em cada parte.

Como aproveitar ao máximo este livro

Este livro traz alguns recursos que visam enriquecer o seu aprendizado, facilitar a compreensão dos conteúdos e tornar a leitura mais dinâmica. São ferramentas projetadas de acordo com a natureza dos temas que vamos examinar. Veja a seguir como esses recursos se encontram distribuídos na obra.

Logo na abertura do capítulo, você fica conhecendo os conteúdos que serão nele abordados. »

conteúdos do capítulo
› As teorias básicas para compreender o comércio internacional.
› O pensamento dominante sobre comércio internacional.
› As ideias conhecidas por todos os economistas que abordam o assunto, mesmo que não as aceitem.

Você também é informado a respeito das competências que irá desenvolver e dos conhecimentos que irá adquirir com o estudo do capítulo. »

após o estudo deste capítulo, você será capaz de:
1. Conhecer as principais teorias sobre comércio internacional que estão em evidência nas discussões a respeito do assunto.
2. Compreender os efeitos das economias de escala e imperfeições do mercado sobre a organização da estrutura produtiva mundial e como se dá o comércio a partir disso.
3. Diferenciar o comércio inter e intrafirma tal como suas implicações sobre os padrões de comércio.

países-membros, não se conseguindo aprovar uma legislação que realmente garanta a mobilidade do trabalho.
O terceiro é que os países continuam muito heterogêneos em todos os aspectos, não sendo isso resolvido ao longo da formação do Mercosul. Assim, as disparidades levam a distorções grandes entre os membros, inviabilizando a formação de algo parecido com a UE e constituindo um centro gerador de conflitos.
Por fim, podemos dizer que o Mercosul começou tendo como ideia focal criar um bloco semelhante ao da UE, mas acabou perdendo importância a partir do fim da década de 1990 e caminha para virar, em termos práticos, uma zona de livre-comércio nos moldes do Nafta.

Esta seção traz ao seu conhecimento situações que vão aproximar os conteúdos estudados de sua prática profissional. »

Estudo de caso

O caso apresentado neste texto é interessante para visualizar os problemas internos que o Mercosul apresenta em nome de uma maior integração entre os países-membros, em que pese que ao longo do tempo as diferenças parecem crescer e não ser mitigadas.

Cúpula do Mercosul é marcada por falta de decisões
MONTEVIDÉU – A 38ª Reunião de Cúpula do Mercosul foi marcada pela falta de decisões relevantes para o fortalecimento da organização e sua consolidação como união aduaneira, ou seja, um bloco que, como a União Europeia, adota uma política comercial comum para as

a) F, V, F, V, V
b) F, F, V, V, V
c) V, V, V, V, F
d) V, F, V, V, F
e) F, F, F, V, V

Questões para reflexão

1. Considerando os textos da seção Estudos de Caso, reflita sobre a possibilidade de a hegemonia do Dólar e a posição nuclear dos Estados Unidos estarem ameaçadas.

2. Por que o Brasil desejaria fazer negócios internacionais com a sua moeda? Quais seriam as vantagens e/ou desvantagens dentro do cenário internacional para o país?

Para saber mais

AGLIETTA, M. Architecture Financière Internationale: Au-Delà des Institutions de Bretton Woods. **Économie Internationale**, n. 100, p. 61-83, 2004.

Esse texto apresenta, em uma visão bem francesa, o que é a arquitetura financeira atual.

BORDO, M.; EICHENGREEN, B. (Org.). **A Retrospective on the Bretton Woods System**: lessons for international monetary reform. National Bureau of Economic Research. Chicago: The University of Chicago Press, 1993.

Os autores dessa obra fazem uma retrospectiva sobre o que foi o Sistema de Bretton Woods e as suas consequências nos mais diversos aspectos sobre a economia nacional.

» Nesta seção, a proposta é levá-lo a refletir criticamente sobre alguns assuntos e trocar ideias e experiências com seus pares.

» Você pode consultar as obras indicadas nesta seção para aprofundar sua aprendizagem.

Síntese

Este capítulo proporciona uma noção básica, mas muito transparente, do que vem a ser o sistema monetário internacional, especialmente em relação à sua dinâmica de funcionamento. Sobretudo, explica que o sistema monetário internacional é o mecanismo que viabiliza as transações internacionais e dá suporte à integração econômica mundial. Nessa mesma linha, a moeda aparece como um fator importante para os países se integrarem à economia mundial e se relacionarem no âmbito econômico. Finalmente, o capítulo dá boa noção do posicionamento atual do Brasil dentro do âmbito do sistema monetário internacional, de país emergente e participante da periferia do sistema.

Questões para revisão

1. O que é o sistema monetário internacional? Descreva para que serve e as suas fases de evolução.

2. Qual o papel dos Estados Unidos e do Dólar dentro da dinâmica de funcionamento do sistema monetário internacional após a Segunda Guerra Mundial?

3. Em relação às uniões monetárias, julgue as afirmativas como falsas (F) ou verdadeiras (V):
( ) As uniões monetárias surgiram apenas muito recentemente. Inclusive o Euro é uma experiência pioneira.
( ) A moeda única é uma forma de solidificar a integração econômica entre países de um bloco.

» Você dispõe, ao final do capítulo, de uma síntese que traz os principais conceitos nele abordados.

» Com estas atividades, você tem a possibilidade de rever os principais conceitos analisados. Ao final do livro, o autor disponibiliza as respostas às questões, a fim de que você possa verificar como está sua aprendizagem.

1
principais modelos de
comércio internacional

conteúdos do capítulo

> As teorias básicas para compreender o comércio internacional.
> O pensamento dominante sobre comércio internacional.
> As ideias conhecidas por todos os economistas que abordam o assunto, mesmo que não as aceitem.

após o estudo deste capítulo, você será capaz de:

1. Conhecer as principais teorias sobre comércio internacional que estão em evidência nas discussões a respeito do assunto.

2. Compreender os efeitos das economias de escala e imperfeições do mercado sobre a organização da estrutura produtiva mundial e como se dá o comércio a partir disso.

3. Diferenciar o comércio inter e intrafirma tal como suas implicações sobre os padrões de comércio.

Para começarmos a nossa conversa sobre economia internacional, vamos primeiramente conhecer as principais teorias ou modelos que fazem parte do pensamento dominante (ou *mainstream*) sobre o comércio internacional. Para deixar as coisas mais claras, temos que revelar que esse *mainstream* a respeito do qual falaremos muito ao longo do livro é baseado em uma visão que costuma ser considerada ortodoxa, fundamentada na teoria de inspiração neoclássica. Essa visão, em termos bem gerais, acredita que o mercado se autorregula e atinge por si próprio a melhor alocação de recursos e eficiência econômica.

Afinal, quais são essas teorias ortodoxas que vamos conhecer neste capítulo? Podemos dizer que o núcleo duro é formado pelo modelo de vantagens comparativas (ou ricardiano) e Heckshcer-Ohlin (O-H). O primeiro você já deve ter ouvido falar em algum lugar, provavelmente não dentro da definição correta, mas ouviu. Um dos motivos de ele ser conhecido é o fato de existir há muito tempo, remontando ao começo do século XIX; outro motivo é sua simplicidade, que, baseada no diferencial da produtividade do trabalho para estimular o tipo de integração comercial esperada entre países, pode ser extrapolada para qualquer coisa. O segundo é um modelo atual e frequentemente utilizado na economia internacional, mas menos famoso, que se foca na distribuição de fatores de produção para determinar o que uma região ou país é mais eficiente em produzir e o que tende a produzir mais.

A periferia do capítulo, se é que podemos chamar assim, é formada por dois elementos: o modelo de fatores específicos e o efeito das imperfeições de mercado sobre o comércio internacional. O primeiro se baseia na ideia de que existem fatores específicos na economia, usados apenas na produção de um bem, e fatores móveis que podem ser alocados para a produção de diferentes bens. É muito parecido com o modelo O-H, mas será útil para verificar alguns efeitos da abertura comercial como, por exemplo, sobre a alocação de renda. O segundo não é um modelo, mas aborda os efeitos das imperfeições de mercado sobre o comércio internacional.

A organização do capítulo é dada, portanto, deste modo: primeiro, o núcleo formado pelo modelo de vantagens comparativas e o O-H; depois, o modelo de fatores específicos; e, finalmente, os efeitos das imperfeições de mercado sobre o comércio internacional. Para isso, usaremos como base bibliográfica a primeira parte do livro de economia internacional de Krugman e Obstfeld (2005). As teorias abordadas estão presentes em todos os livros de economia internacional nos níveis de graduação e de pós-graduação em economia, com a diferença do nível de detalhamento.

1.1 modelo de vantagens comparativas (ou ricardiano)

Uma boa pergunta para começar esta seção é: o que são vantagens comparativas? Ou, melhor, vamos reformular a pergunta: dada a sua experiência de vida, o que você pode entender como vantagem comparativa? Em qualquer prova ou concurso (vestibular ou público, por exemplo), sempre existe alguém que comenta que determinada pessoa teve vantagens comparativas em certa matéria e, por isso, conseguiu uma boa posição na classificação final. Esmiuçando esse exemplo, podemos identificar a alma das vantagens comparativas, que consiste no fato de uma pessoa precisar demandar menos tempo para estudar determinada matéria em sua plenitude. Ou seja, uma pessoa pode demorar quatro horas para compreender e ser capaz de resolver qualquer exercício de matemática e, outra, demorar 12 ou mais horas para deter a mesma capacidade de compreensão da matéria. Dessa forma, podemos dizer que a primeira tem vantagens comparativas em relação à segunda, pois demanda menos tempo para ter a mesma produtividade em relação à compreensão da matéria.

Voltando a nossa definição econômica de *vantagens comparativas*, podemos dizer que a sua origem remonta ao britânico Adam Smith, um dos primeiros economistas da história, e a sua obra seminal *A riqueza das nações**, escrita no século XVIII. Nessa obra, são sistematizadas as ideias fundamentais para a criação da ciência econômica e, em relação ao comércio internacional, é defendido o livre-comércio como algo benéfico para todos. Esse argumento está baseado na observação de que os países têm mais habilidade em produzir determinados bens do que outros e, assim, poderiam melhor alocar os seus esforços produtivos se passassem a se dedicar ao bem que eles são mais hábeis em produzir, exportando-o e importando os demais bens. É uma lógica bem simples, fácil de deduzir e que indica uma divisão do trabalho ou produtiva mundial, em que os países apresentam vantagens por se especializarem no bem que eles são mais

---

* Publicado pela primeira vez em 1776, com o título *Uma investigação sobre a natureza e a causa da riqueza das nações*, o livro mais famoso de Adam Smith tornou-se conhecido pelo título resumido de *A riqueza das nações*. A obra é formada por cinco volumes ou partes.

hábeis em produzir. Acabamos de chegar à definição básica de *vantagens absolutas*, em que cada país se dedica exclusivamente ao que ele pode produzir com mais habilidade.

A visão sintetizada na obra de Smith combate e substitui a visão antecedente sobre comércio internacional baseada nas práticas mercantilistas, predominantes nos países europeus entre os séculos XV e XVIII, que prega o metalismo (acúmulo de metais preciosos, pois os considera sinônimo de riqueza e poder) e protecionismo da indústria nacional. Não vamos nos aprofundar nessa questão, pois é muito marginal na discussão do comércio internacional moderno, mas é interessante você ter ideia do que é mercantilismo.

No ponto a que nos referimos sobre a habilidade de um país na produção do bem, estamos na verdade usando *habilidade* como sinônimo de *menor custo, insumos* e *tempo para produzir o bem*. Entretanto, dentro da perspectiva econômica desse modelo em geral, o ponto fundamental para determinar o grau de habilidade de cada país é medido pela necessidade de trabalho unitário. Isso quer dizer que consideramos simplificadamente, como os economistas adoram fazer, que o trabalho é homogêneo, ou seja, é o mesmo independente de país ou função, permitindo a sua comparação. Dessa forma, quanto menos trabalho o país necessita para produzir determinado bem, mais produtivo o país é em relação a esse bem.

O modelo de vantagens comparativas (ou ricardiano) teve como principal elaborador o economista britânico David Ricardo, no começo do século XIX, como forma de justificar a adoção do livre-comércio, por parte da Grã-Bretanha, apoiado no argumento de que seria benéfico para o país e seus parceiros comerciais. Ricardo seguia uma linha semelhante à de Adam Smith, mas com argumentos muito mais sofisticados, buscando ultrapassar a esfera filosófica smithiana e dar argumentos palpáveis para defender o livre-comércio. A discussão que permeava a adoção ou não do livre mercado pelos britânicos era a Lei dos Cereais, de 1815, que impedia que os britânicos importassem cereais do exterior. O argumento de Ricardo era que a Lei dos Cereais defendia os produtores de cereais em detrimento ao bem-estar de toda a sociedade britânica e, portanto, deveria ser abolida. A revogação dessa lei ocorreu em 1846.

Ricardo trabalhava com o conceito de vantagens comparativas, considerando que o país deveria voltar os seus esforços produtivos para o bem em relação ao qual é relativamente mais produtivo, independentemente de outros países produzirem a mesma mercadoria mais barato. Para você fixar a lógica, vamos recorrer a um exemplo. Considere dois países, A e B, que produzem dois tipos de bens: queijo e vinho. No país A, a quantidade de trabalho necessária para produzir uma unidade de queijo sendo menor que no país B resulta na situação em que o país A é mais produtivo que B. Em relação ao vinho, ocorre o contrário, sendo o país B mais produtivo que o país A. Em termos proporcionais:

$$a_{AQ} / a_{AV} < a_{BQ} / a_{BV}$$

Em que:
> a_{AQ}: a quantidade de trabalho necessária para produzir uma unidade de queijo no país A;
> a_{AV}: a quantidade de trabalho necessária para produzir uma unidade de vinho no país A;

> a_{BQ}: a quantidade de trabalho necessária para produzir uma unidade de queijo no país B;

> a_{BV}: a quantidade de trabalho necessária para produzir uma unidade de queijo no país B.

Se o país A é mais produtivo em queijos, e o país B, em vinhos, será que significa que cada um deve se especializar no produto em relação ao qual é mais produtivo e adquirir no exterior os outros bens? A resposta é não. Entretanto, com a existência de livre-comércio, o país tende a direcionar mais esforços para a produção daquilo em relação ao qual é mais produtivo, mas não precisa deixar de produzir outros bens e sim apenas reduzir a quantidade produzida. O ponto de equilíbrio ocorre quando a desigualdade mostrada na equação se transforma em uma igualdade na medida em que os países redirecionam os seus esforços produtivos na direção dos produtos em relação aos quais são mais eficientes.

Porém, se a resposta da pergunta do parágrafo anterior tivesse sido sim, estaríamos trabalhando com vantagens absolutas, pois um país seria especializado na produção de um bem em relação ao qual é mais produtivo e importaria os demais. Frequentemente, a imprensa e grande público tomam a definição de vantagens absolutas como sendo a mesma de vantagens comparativas. Portanto, tenha muito cuidado quando ouvir alguém falar sobre vantagens comparativas.

1.2 modelo de Heckscher-Ohlin (ou O-H)

O modelo Heckscher-Ohlin foi desenvolvido pelos suecos Eli Heckscher e Bertil Ohlin, ganhadores do Prêmio Nobel de 1977. Esse modelo enfatiza a inter-relação entre os fatores de produção disponíveis em diferentes proporções em cada país e sua utilização na produção de diferentes bens. Qual o ponto central do modelo? Ele nos diz que os países tendem a direcionar os seus esforços para a produção dos bens que demandam os fatores em que esses países são abundantes. Como essa lógica pode ser usada tanto para países como para regiões dentro do mesmo país a fim de avaliar qual é e como se dá a estrutura produtiva que está se desenhando, o modelo é muito atraente para basear trabalhos do *mainstream*, não só de economia internacional, mas também de economia regional, industrial, entre outras. É claro que essa é uma visão ortodoxa, mas dominante, gostemos ou não, como também existem abordagens alternativas relevantes envolvendo tecnologia (as quais vamos conhecer melhor nos capítulos três e quatro). Por ora, voltemos ao modelo.

Os pressupostos da versão mais básica do modelo O-H, que servem para outros autores construírem estruturas mais sofisticadas de análise, consideram que uma economia nacional pode ter dois setores e dois fatores de produção, capital e trabalho, que podem ser alocados na produção dos bens. Adicionalmente, consideramos que os alimentos são intensivos em terra, e os tecidos, em trabalho. Dessa forma, cabe ao país optar pela proporção usada de fatores de produção e, assim, decidir quanto produzir em cada setor.

É melhor recorrer a um exemplo palpável para fixar melhor os pressupostos básicos do modelo O-H. Consideremos que um país produz dois bens: tecidos e alimentos. Ambos utilizam os fatores de produção trabalho e terra, em que cabe ao produtor optar pela proporção que utilizada. Dessa forma, como os fatores precisam ser alocados entre a produção de tecidos e alimentos, eles formam uma curva de possibilidades de produção (ver Gráfico 1.1), em que a maior produção de um bem implica a menor do outro.

Gráfico 1.1 – Curva de possibilidades de produção

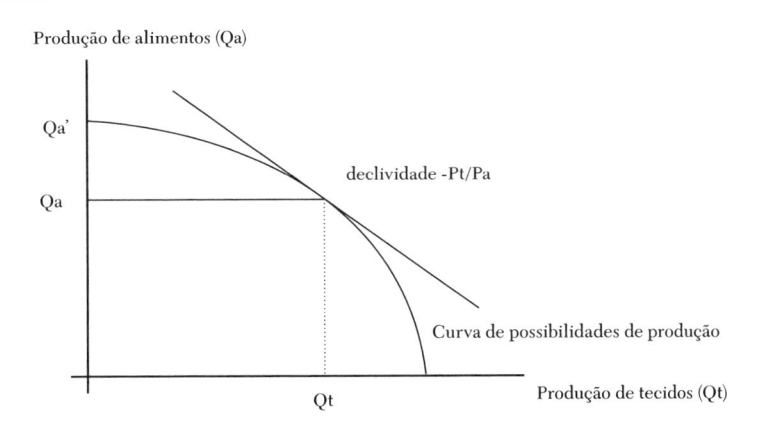

Produção de alimentos (Qa)

Qa'

declividade -Pt/Pa

Qa

Curva de possibilidades de produção

Qt

Produção de tecidos (Qt)

Você pode notar por esse gráfico que a curva de possibilidades de produção indica que, se a quantidade produzida de tecidos (Qt) for aumentada, a quantidade produzida de alimentos (Qa) tem que ser reduzida. Isso se deve ao fato de os recursos na economia serem escassos ou limitados.

Agora você deve estar se perguntando: como o país escolhe a alocação da produção entre os dois bens? A resposta está ligada à reta que tangencia a curva de possibilidades de produção. Essa reta indica a relação entre os preços dos produtos, em que Pt é o preço dos tecidos e Pa, dos alimentos. Assim, quando a curva de possibilidade de produção tiver a mesma inclinação da relação de preços, o mercado está em equilíbrio e atinge a melhor alocação dos recursos na economia.

Mas como é definido o preço de cada mercadoria? Isso é definido pelo custo dos fatores de produção utilizados em cada mercadoria. E, como julgamos que o preço de cada fator é definido pela relação entre oferta e demanda, quanto mais relativamente abundante, mais barato é em relação ao outro fator. O resultado é que o país tende a optar em utilizar maior proporção do fator que é mais abundante, devido ao seu menor preço, que resulta em menor custo ligado ao produto mais intensivo nesse fator. Sendo assim, voltando ao exemplo dos alimentos e tecidos, se um país é abundante em terras, tende a optar em se dedicar a produzir alimentos por serem intensivos no fator terra e resultarem em produtos mais baratos. Por sua vez, se o trabalho for mais abundante do que a terra, o país tende a usar mais trabalho do que terra, dedicando-se a produzir tecidos.

Que aprendizado tiramos da lógica do modelo O-H? De que o país tende a se especializar na produção do bem que é intensivo no fator mais abundante na sua economia, devido a esses fatores serem relativamente mais baratos e permitirem produtos com menor preço final.

O efeito sobre o comércio internacional pode ser explicitado retornando a nosso exemplo de tecidos e alimentos. Nesse exemplo, consideramos dois países, sendo que um tem abundância de trabalho e o outro, de terra. Ambos produzem tecidos e alimentos. Existindo comércio entre eles, os preços relativos tendem a se equacionar. O resultado é que o país mais abundante em trabalho tende a produzir e exportar mais tecidos, pois estes são intensivos em trabalho; por outro lado, o país que tem como fator abundante a terra tende a se concentrar mais na produção de alimentos, pois sua produção é intensiva em terra.

Essa dicotomia entre essas duas economias nacionais incentiva as trocas comerciais, em que cada um exporta o bem em relação ao qual é mais intensivo no fator abundante e importa o bem intensivo no fator relativamente escasso. Isso não quer dizer que os dois países deixem de produzir algum dos dois bens, mas sim que usam o comércio internacional para suprir a dificuldade de produzir bens intensivos no fator escasso, reduzindo os preços desses bens e aumentando a eficiência da economia como um todo.

1.3 modelo de fatores específicos

O modelo de fatores específicos é relativamente recente, sendo publicado no começo da década de 1970 por Samuelson (1971). É um modelo simples bem próximo do O-H, mas possui como principal diferença considerar que existem fatores específicos que só podem ser usados para a produção de certo bem. Posteriormente, vamos usar esse modelo para investigar os efeitos do comércio internacional sobre a distribuição de renda dentro do país.

Para apresentar o modelo, vamos recorrer a um exemplo. Considere dois países que podem produzir dois bens: manufaturas e alimentos. Cada país detém três fatores de produção: trabalho (L), que pode ser alocado entre os setores e é considerado o fator móvel; capital (K), fator específico da área de manufaturas; e terra (S), que é o fator específico do setor de alimentos. A produção de manufaturas demanda capital e trabalho, e a de alimentos demanda terra e trabalho. É claro que nessa versão simplificada consideramos que a produção de alimentos não utiliza capital. Dessa forma, a quantidade total de trabalho (fator móvel) deve ser alocada entre a produção de manufaturas e alimentos.

O ponto de equilíbrio em que o país decide quanto alocar de fator trabalho para os dois setores depende da produtividade marginal do trabalho (PMgL) que o fator trabalho gera em cada setor. A PMgL é simplesmente quanto uma unidade adicional de trabalho gera de impacto no aumento da produção total do setor, mas como a quantidade do fator específico é fixa, a produtividade marginal do trabalho é decrescente. Outro aspecto importante para encontrar o resultado ótimo é a fronteira de possibilidade de produção que indica como a economia pode alocar a produção entre manufaturas e alimentos. Juntando os pontos, quando a inclinação da curva de fronteiras de possibilidade de produção for igual à relação entre as produtividades marginais dos dois setores (PMgL alimentos/PMgL manufaturas), nesse ponto se desenha a alocação ótima de trabalho e é dito quanto o país vai produzir de um bem ou outro.

Você percebeu que o modelo de fatores específicos segue uma lógica semelhante ao O-H? É verdade, segue mesmo. Assim, também podemos esperar que o país aloque mais trabalho para o setor em que tem mais abundância do fator específico (ou fixo), pois a produtividade marginal do trabalho é maior devido à abundância relativa ao fator escasso. Outro resultado semelhante ao O-H é que o país tende a exportar os produtos dos setores em que detém abundância de fatores específicos e importar os bens dos setores que detém escassez do fator específico. Em última instância, leva os preços relativos internacionais a se equacionarem, beneficiando os países abundantes nos fatores mais utilizados na produção de certo bem na medida em que conseguem produzi-lo a um menor custo. Porém, esses países continuam produzindo os dois bens. Mais à frente vamos utilizar esse modelo para verificar o efeito do comércio internacional sobre a distribuição de renda.

Lembre-se de que, quando nos referimos à abundância de um fator, queremos dizer que ele é proporcionalmente mais presente na economia desse país que outro. Nessa mesma linha de pensamento, quando falamos em fator escasso, queremos dizer que ele é escasso proporcionalmente a outro fator. Portanto, a quantidade total dos fatores presentes na economia não é tão importante para a análise quanto a distribuição proporcional.

1.4 economias de escala e estrutura de mercado aplicadas ao comércio internacional

Você percebeu que estudamos até agora os modelos sobre comércio internacional considerando que o funcionamento da economia é perfeito, ou seja, sem distorções que modifiquem os efeitos finais. Pois bem, isso é uma grande simplificação utilizada frequentemente para as versões mais simples dos modelos, justificada pelo fato de os tornar mais compreensíveis à primeira vista e isolar o principal efeito do fenômeno econômico. Agora, sem utilizar uma teoria específica, vamos verificar os efeitos da economia de escala e estrutura de mercado sobre o comércio internacional.

A economia de escala consiste no fenômeno de uma empresa poder elevar a sua produção necessitando proporcionalmente de menos insumos. Uma afirmação clássica, presente na maioria dos livros de microeconomia, é que *economia de escala* significa que a empresa pode dobrar a sua produção e necessitar de menos que o dobro de insumos, refletindo em um menor custo e preço final mais baixo. No comércio internacional, se um país se especializar na produção de uma gama mais restrita de bens, nos quais tem vantagens competitivas, tende a reduzir o seu custo de produção e permitir aos produtores desse país oferecer os bens a preços menores no mercado internacional. Porém, como a sociedade deseja consumir uma ampla gama de bens, o país pode exportar a preços menores os que produziu e importar os demais que deseja consumir. Assim, os fatores são bem utilizados e, no geral, todos consomem e produzem mais mercadorias, elevando o bem-estar de todos os países.

A existência de economias de escala também leva a imperfeições na estrutura de mercado, pois as grandes empresas tendem a ter vantagens sobre as pequenas, também podendo subjugá-las ou expulsá-las do mercado. Além do mais, as firmas maiores podem impor preços ao mercado na medida em que podem cobrar acima de seu custo marginal, com a fixação de preços envolvendo a interação entre as grandes firmas e suas estratégias, caracterizando uma concorrência monopolista. O custo marginal, para ficar claro, é o quanto o custo é elevado para produzir mais uma unidade de determinado bem, e, no mercado competitivo, as empresas vendem seus produtos onde o custo marginal é igual ao preço.

No âmbito da organização produtiva, como os produtos não são iguais, países diferentes produzem produtos diferentes e, portanto, o comércio aparece como uma forma de trocar esses bens e elevar o bem-estar das nações. Dessa forma, aparecem dois tipos de comércio: o intraindústrias (troca de manufaturados) e o interindústrias (troca entre manufaturados e outros bens). Podem seguir os padrões:

1. O comércio interindústrias (troca de manufaturas por alimentos) reflete as vantagens comparativas, em que o país abundante em capital é exportador líquido de manufaturas intensivas em capital e importador líquido de alimentos sendo trabalho intensivo.

2. O comércio intraindústrias (manufaturas por manufaturas) não reflete vantagens comparativas, pois, mesmo que sejam igualmente abundantes em capital, continuariam produzindo bens diferentes e necessitando efetuar o comércio.

3. O padrão do comércio intraindústrias em si é imprevisível na medida em que não sabemos qual país produz mais manufaturas e nem a sua intensidade de capital.

4. Os padrões de comércio intra e interindústrias dependem sobremaneira do grau de semelhança entre países. Se forem semelhantes na razão capital e trabalho, o comércio será dominado pela intraindústria baseado na economia de escala. Se forem diferentes, o comércio predominante será da interindústria, em que um irá se especializar em produzir manufaturas e outros alimentos.

A existência de uma estrutura de mercado imperfeita permite às empresas praticarem *dumping*. Ou seja, a empresa pratica um preço no mercado interno e outro no mercado externo. Normalmente os preços cobrados no exterior são menores a fim de destruir a capacidade concorrencial de outros países, constituindo uma prática protecionista. A longo prazo, isso resulta em um domínio do mercado nacional e internacional que permite vantagens a determinadas empresas e a possibilidade de cobrarem maiores preços pelos seus produtos interna e externamente. Essa é uma prática abominada no mercado internacional, mas é muito difícil de ser provada na medida em que a diferença de preços pode ser maquiada na estrutura de custos de cada firma. Assim, uma das respostas dos países atingidos é também praticar *dumping*, constituindo o chamado *dumping recíproco*.

Síntese

A leitura deste capítulo permite que você tenha uma noção básica sobre as principais teorias que dão sustentação às negociações internacionais, que de uma forma ou outra estão presentes em tais negociações, mesmo como elementos isolados. As duas principais, núcleo dessa visão, são o modelo de vantagens comparativas (ou ricardiano) e Hecksher-Ohlin (O-H). Depois vimos o modelo de fatores específicos, útil para posteriormente analisarmos os efeitos sobre a distribuição de renda com o advento do comércio internacional e os efeitos das imperfeições de mercado sobre o comércio internacional cujo tema será tratado mais à frente.

Questões para revisão

1. Suponha que dois países produzam dois bens: salsicha e maionese. O país A requer menos trabalho para produzir uma unidade de salsicha do que o país B. Por outro lado, o país B requer menos trabalho para produzir uma unidade de maionese. Portanto, responda, com base no modelo de

vantagens comparativas, como se dará a integração comercial entre o país A e B?

2. Considere dois países que produzem dois bens: papel e canetas. Para produzir ambos os bens, são necessários capitais e trabalho. A produção de papel necessita mais de capital, e a de canetas, mais trabalho. O país A é abundante em capital, e o país B, em trabalho. Qual o padrão de comércio esperado e qual o ponto fundamental que leva a essa organização?

3. Em relação aos padrões de comércio, julgue as afirmativas a seguir como falsas (F) ou verdadeiras (V):
(   ) O comércio interindústrias reflete as vantagens comparativas.
(   ) No comércio interindústrias, o país tende a exportar o produto intensivo no fator em que é abundante. Por exemplo, o país abundante em capital é exportador líquido de manufaturas intensivas em capital e importador líquido de alimentos com trabalho intensivo;
(   ) Comércio intraindústrias (manufaturas por manufaturas) reflete as vantagens comparativas
(   ) O padrão de comércio intraindustrias é totalmente previsível.
(   ) Os padrões de comércio intra e interindustrias dependem do grau de semelhança entre os países.
Agora, assinale a alternativa que corresponde à sequência obtida:
a) V, V, F, F, V
b) F, F, V, V, V
c) V, V, V, V, V

d) V, F, V, V, F
e) F, F, F, V, V

4. Suponha que existem dois países, A e B, em que A é industrializado e B, um grande produtor agrícola. Com base no que você viu neste capítulo, aponte se as afirmações a seguir são falsas (F) ou verdadeiras (V):

(   ) O país A tende a ser intensivo no fator capital por ser industrializado e exportar bens manufaturados.

(   ) O país B tende a ser intensivo no fator terra por ser um grande produtor agrícola.

(   ) O país A tende a exportar bens manufaturados, e o país B, produtos agrícolas.

(   ) Em autarquia, o país A possui bens manufaturados relativamente mais caros do que com a existência de comercio.

(   ) O advento do comércio reduziu o preço dos bens agrícolas para o país B.

Agora, assinale a alternativa que corresponde à sequência obtida:
a) F, V, F, V, V
b) F, F, V, V, V
c) V, V, V, F, F
d) V, F, V, V, F
e) F, F, F, V, V

5. Sobre economia de escala e comércio internacional, responda se é falso (F) ou verdadeiro (V):

(   ) As empresas pequenas tendem a ter vantagens no comércio internacional devido aos ganhos de escala.

( ) As grandes empresas têm maiores custos porque são ineficientes e, portanto, sofrem para competir no mercado internacional.

( ) A estrutura de mercado perfeita é caracterizada pela existência de poucas firmas que dominam o mercado e impõem preços aos consumidores.

( ) As empresas que detêm poder de mercado podem cobrar pelos seus produtos preços maiores que o custo marginal.

( ) Economia de escala quer dizer que as empresas reduzem custos quando produzem um bem em grande quantidade.

Agora, assinale a alternativa que corresponde à sequência obtida:

a) F, V, F, V, V
b) F, F, V, V, V
c) V, V, V, V, V
d) V, F, V, V, F
e) F, F, F, V, V

Questões para reflexão

1. Explique por que os norte-americanos têm interesse em adquirir componentes para seus produtos do Brasil e não fabricá-los internamente. Faça a análise com base no modelo de vantagens comparativas, tendo como ponto fundamental o fator trabalho, considerando o exemplo hipotético da compra de componentes para calçados, por parte dos norte-americanos, originados do Brasil.

2. Reflita sobre por que o Brasil busca comercializar produtos de tecnologia. Será que isso não contradiz o modelo O-H mostrado neste capítulo?

3. Será que as vantagens competitivas de um país são construídas? Indicariam alguma falha nos modelos que mostramos neste capítulo?

Para saber mais

BERGSTRAND, J. H. The Heckscher-Ohlin-Samuelson model, the Linder hypothesis and the determinants of bilateral intra-industry trade. **The economic journal**, London, v. 100, p. 1.216-1.229, dez. 1990.

É um trabalho empírico sobre o comércio internacional, que busca principalmente verificar a relação entre renda per capita e comércio.

HAHN, F. The Neo-Ricardians. **Cambridge journal of economics**, London, v. 6, p. 353-374, dez. 1982.

Apresenta a corrente de pensamentos dos chamados neorricardianos, pequenos e não muito influentes, mas que buscam adaptar o pensamento da David Ricardo para a realidade atual.

2 comércio internacional, distribuição de renda, crescimento econômico e bem-estar

conteúdos do capítulo

› Conhecimentos teóricos aprofundados sobre comércio internacional.
› Introdução de como o comércio internacional afeta a distribuição de renda.
› Base dos acordos rumo à liberalização comercial e o crescimento econômico do país.

após o estudo deste capítulo, você será capaz de:

1. Conhecer a base teórica convencional que dá suporte às negociações sobre os acordos de liberalização comercial, como também os efeitos sobre a distribuição de renda e bem-estar na sociedade.

2. Entender qual a diferença entre a abordagem convencional e a keynesiana que relaciona crescimento econômico e comércio internacional.

3. Saber que as teorias econômicas que defendem a liberalização comercial são feitas para o "mundo perfeito", mas na vida real existem imperfeições e conflitos de interesses que podem entravar negociações no sentido da obtenção da liberalização comercial.

Como o objeto deste capítulo é a relação entre comércio internacional, distribuição de renda, crescimento econômico e bem-estar, optamos em usar predominantemente a teoria dos fatores específicos. Para isso, vamos dividir o capítulo em três blocos.

No primeiro bloco, voltamos nossa atenção para os efeitos do comércio internacional sobre a distribuição de renda do país, destacando como a visão convencional vê com bons olhos a liberalização comercial na medida em que é uma forma de melhorar a eficiência da economia e elevar o bem-estar agregado da sociedade. Não se preocupe em dominar esses termos agora, pois dedicaremos todo esse bloco do capítulo para abordá-los. Para basear a nossa análise, recorreremos à teoria dos fatores específicos que estudamos no capítulo 1 e, portanto, é importante que você domine bem a lógica desse modelo. Os resultados que obteremos não serão diferentes do modelo O-H, mas serão mais evidentes e permitirão pintar o quadro com cores vivas.

Em seguida, abordaremos as principais teorias econômicas que ligam o comércio internacional ao crescimento econômico. Iremos dividi-las em duas partes. Uma apresenta a visão convencional do *mainstream* econômico e mantém uma visão complementar com o que vimos no primeiro capítulo. A outra dá uma visão "à la" keynesiana, em que estão ligadas as estratégias de crescimento liderado pelas exportações e substituição das importações. No capítulo quatro, voltaremos às visões keynesianas para estudar a relação entre protecionismo, políticas comerciais e estratégias de desenvolvimento dos países.

Por fim, vamos conhecer fatores que podem levar à liberalização comercial, que vimos na primeira parte, a não proporcionar o maior bem-estar para a sociedade como um todo, ou, melhor, conhecer a situação em que os custos de implementar esse bem-estar são tão grandes para certos grupos que estes os inviabilizam, mesmo que tais custos proporcionem efeitos agregados para a sociedade como positivos. Nesse caso, vamos começar a nos aventurar em uma visão mais próxima da realidade, mesmo que de forma incipiente, começando a conhecer a economia política do comércio internacional.

2.1 comércio internacional, distribuição de renda e bem-estar

Para começarmos a nossa conversa, vamos discutir como o comércio internacional influi sobre a distribuição de renda nacional e proporciona bem-estar à sociedade como um todo. Como base teórica, utilizaremos a visão do *mainstrem* apresentada no primeiro capítulo, especialmente a do modelo O-H, e utilizaremos para a análise o de fatores específicos.

Na versão mais simplificada, o modelo de fatores específicos considera que as economias de dois países produzem dois bens e possuem três fatores de produção: dois fixos, usados apenas na produção de um bem; e um móvel, alocado entre os setores. A produção de cada bem utiliza dois fatores de produção: um específico, que só pode ser usado na produção daquele bem; e um móvel, que pode ser alocado para a produção de qualquer um dos dois. Os países são dotados de proporções diferentes de fatores específicos que os fazem naturalmente ser mais produtivos no bem em que demanda em maior quantidade o fator de produção abundante, resultando em um menor preço relativo desse bem quanto ao que demanda o fator específico relativamente escasso. Lembre-se de que isso se deve ao preço do insumo que depende do quanto relativamente está disponível na economia em relação ao outro fator.

E se houver comércio nesse nosso modelo genérico? Ora, o país tende a ser exportador do bem que demanda o fator específico em abundância à medida que pode oferecer o produto a preços relativos menores que o fabricado no país importador. Ao mesmo tempo, tende a importar o bem que demanda o fator específico que é relativamente escasso, pois pode adquirir o produto importando a preços menores que os produzidos internamente. O resultado é que a renda tende a se concentrar nos exportadores que detêm o fator específico em abundância, pois podem cobrar maiores preços pelo seu produto devido à relação comercial com o exterior. Por sua vez, os detentores do fator específico escasso sofrem competição de produtos importados a menores preços, reduzindo a sua renda na medida em que têm que reduzir os preços internos para evitar serem dizimados pela competição externa.

Em termos de bem-estar agregado, a sociedade passa a ter uma situação melhor que a anterior sem comércio. Mesmo que o setor de fator escasso tenha perdas devido ao preço do seu produto ser deprimido e sofrer a concorrência do exterior, há os benefícios do setor exportador em ganhar novos mercados e poder cobrar um preço maior pelos seus bens, compensando as perdas do setor que passa a ser importador.

Dessa forma, acabamos de ver um modelo genérico de fatores específicos para verificar a dinâmica do sistema. Agora, para a explicação ficar mais clara, podemos utilizar um exemplo bem próximo da realidade envolvendo o Brasil e Argentina, pois permeia a discussão sobre as rusgas comerciais do Mercosul e o comércio de manufaturas e produtos agrícolas. Primeiro, consideramos que os dois bens que formam o nosso comércio bilateral sejam produtos agrícolas e manufaturas. Os produtos agrícolas demandam o fator específico de produção terra e o fator móvel trabalho. É claro que é uma simplificação teórica considerar que na agricultura não se usa capital. As manufaturas demandam o fator específico capital e o fator móvel trabalho.

Tanto Brasil quanto Argentina possuem os fatores específicos terra e capital, mas em proporções diferentes. Dessa forma, no nosso exemplo, o Brasil é abundante em capital em relação à terra, e a Argentina é abundante em terra em relação ao capital. Ambos podem produzir tanto produtos agrícolas quanto manufaturas e alocar o fator móvel trabalho entre as duas atividades. Você deve estar se perguntando se isso é um absurdo para a realidade, mas fique tranquilo porque não estamos entrando na discussão das relações comerciais entre Brasil e Argentina. O Brasil tem uma estrutura industrial mais avançada e desenvolvida que a Argentina, o que o faz ser um grande exportador de bens manufaturados de todos os gêneros. A Argentina nos últimos anos passou por um forte movimento de degradação e obsolescência, levando a não ser tão competitiva nesses setores, mas muito em produtos agrícolas, como o trigo, que o Brasil importa em grandes quantidades.

Voltando a nosso exemplo, o que será que acontece com o advento do comércio livre bilateral entre Brasil e Argentina no âmbito do nosso modelo?

No Brasil, como há abundância em capital em relação à terra, o esperado é que a produção de bens manufaturados seja maior que o de bens agrícolas. Assim, o preço relativo dos bens manufaturados é menor do que o dos bens agrícolas. Em relação à distribuição de renda, os detentores do fator abundante, no caso de capital, recebem menos renda do que se houvesse comércio, pois o preço relativo de seus produtos é menor do que se houvesse comércio externo. Por outro lado, os detentores do fator escasso, no caso da terra, recebem mais renda na medida em que existe um preço relativo maior pelos seus produtos em relação ao que receberiam se houvesse comércio. O bem-estar da sociedade está menor do que poderia se existisse comércio internacional, pois, apesar de pagar relativamente menos por bens manufaturados, paga mais caro pelos bens agrícolas.

Na Argentina, como o fator específico abundante é a terra em relação ao capital, a produção de bens agrícolas é maior que a de bens manufaturados. Dessa forma, o preço relativo dos bens agrícolas é menor do que o dos bens manufaturados. A renda dos detentores do fator mais abundante, no caso a terra, tende a ser menor na ausência de comércio porque recebem um preço relativo menor. Por outro lado, a renda dos possuidores do fator escasso, no caso o capital, vão receber maior renda na ausência de comércio devido à possibilidade de cobrarem preços relativos maiores em função da falta de competição externa. Em relação ao bem-estar da sociedade como um todo, ocorre o mesmo caso do Brasil, ou seja, é menor do que se houvesse comércio.

E o que acontece se houver comércio bilateral entre Brasil e Argentina, considerando a formatação do nosso exemplo?

Preliminarmente, os maiores beneficiados serão os detentores do fator específico em abundância por dois motivos. Por um lado, ganham um maior mercado para os seus produtos na medida em que podem vender no exterior. De outro, um maior mercado permite cobrar preços relativos maiores sobre a sua produção em relação à situação de inexistência de comércio e, assim, elevar a sua renda. Os perdedores são os detentores de fatores específicos relativamente escassos sintetizados em dois fatores. O primeiro diz respeito a passar sobre a competição externa de produtos que podem ser oferecidos a preços relativos menores, forçando-os a reduzir os seus preços em nome da sobrevivência. O segundo diz respeito a como os preços relativos são menores aliados ao fato de o mercado para seus bens e a participação da renda terem sido reduzidos.

Voltamos a nosso exemplo do comércio bilateral Brasil e Argentina. No Brasil, os donos do fator específico abundante, o capital, vão ganhar um novo mercado que é o argentino e, assim, podem cobrar mais pelo preço relativo de seus bens. O resultado é que são beneficiados pelo aumento de renda por poderem cobrar um preço maior. Entretanto, os detentores do fator escasso, a terra, serão prejudicados porque ganham um forte competidor, os argentinos, que pode oferecer bens agrícolas a menores preços relativos do que os produzidos por brasileiros. Dessa forma, os brasileiros têm a sua renda reduzida por serem obrigados a reduzir o preço de seus bens para competir com os bens agrícolas importados e, ainda, sofrem redução de seu mercado interno, levando a uma redução da participação da renda.

Na Argentina, ocorre algo semelhante no sentido inverso. É melhor explicar. Os donos do fator específico abundante, a terra, vão ganhar um novo mercado, que é o brasileiro. Dessa forma, podem cobrar preços relativos maiores pelos seus bens agrícolas do que na situação de autarquias. Sendo assim, os donos do fator específico, a terra, elevam a sua renda devido ao maior mercado e maior preço relativo que pode ser cobrado. Os detentores do fator relativamente escasso, o capital, têm a sua renda reduzida devido à perda de espaço no mercado interno em função da competição externa e são abrigados a praticar um preço relativo menor para tentar sobreviver com a competição externa.

Agora sabemos o que acontece com a distribuição de renda no nosso modelo hipotético envolvendo Brasil e Argentina. Portanto, podemos avançar na direção de investigar se a integração comercial é benéfica para elevar o bem-estar de ambos os países. Sabemos até agora que os ganhadores serão os que detêm o fator específico mais abundante e se tornarão exportadores, enquanto os perdedores serão os proprietários dos fatores específicos relativamente escassos em cada país. E como fica o fator móvel, que é o trabalho, nessa história? Bem, a teoria nos diz que é imprevisível porque depende de muitos fatores que não foram especificados em nosso modelo genérico e nem mesmo no exemplo do comércio bilateral Brasil e Argentina.

Entre os casos hipotéticos que podemos citar, dois se destacam. No primeiro, o setor que utiliza o fator escasso é o grande empregador do país e, portanto, a abertura comercial e a redução da importância desse setor podem levar a uma grande onda de desemprego no país na medida em que os trabalhadores dispensados não encontram novas ocupações no setor que passa a ser exportador. O resultado final da abertura pode levar a um ônus tão grande que ela acaba não sendo interessante. No segundo, o setor abundante no fator específico é um grande demandante de trabalho. Assim, a abertura comercial pode reduzir o desemprego geral. Isso pode encorajar os políticos, os empresários e os trabalhadores a promoverem acordos comerciais com o exterior.

Em relação ao bem-estar da sociedade como um todo, podemos citar três argumentos favoráveis a acordos de liberalização comercial:

1. o mais importante (o que realmente interessa inicialmente) é o benefício líquido da abertura comercial, ou seja, o setor exportador precisa se beneficiar com o ganho de novos mercados e maiores preços relativos de seus produtos para compensar as perdas do setor que vai sofrer a concorrência massacrante de produtos estrangeiros;

2. é importante que a sociedade tenha a capacidade de obter bens produzidos pelo setor que detém o fator específico escasso a preços relativos menores devido à competição externa e, ao mesmo tempo, que compense o aumento dos preços relativos do setor que passa a ser exportador;

3. também é importante que a sociedade possa adquirir uma cesta de bens maior que antes da liberalização do comércio devido à redução dos preços relativos do setor de fator específico escasso.

Lembramos que, simplificadamente, um maior consumo em termos reais, expresso em bens, significa maior utilidade e bem-estar do indivíduo. É claro que isso não significa que o indivíduo está melhor ou pior, pois é algo muito complexo de ser feito ou, melhor, pode ser feito, sendo difícil achar uma forma de mensurar.

2.2 comércio internacional e crescimento econômico

Para construir esta seção, vamos usar um artigo de Jaime Jr. (2009), que é muito esclarecedor para um leitor iniciante nessas discussões, apresentando ambas as visões de forma adequada e com conhecimento de causa. Para apresentar os efeitos de como o comércio internacional afeta o crescimento econômico, vamos tomar como base os modelos ortodoxos mostrados no primeiro capítulo e dominantes na teoria econômica. Logo depois, vamos discutir uma visão ao modo keynesiano sobre como o comércio externo pode afetar o crescimento econômico do país. Você não deve se fechar em apenas uma dessas visões porque isso limita a sua capacidade de análise e compreensão do que você pretende criticar ou defender.

Começaremos analisando como os modelos ortodoxos ligam o comércio internacional ao crescimento econômico. Os argumentos não são muito diferentes dos que você viu ao longo do primeiro capítulo e na seção anterior, mas é introduzida uma nova dimensão. Os modelos tradicionais que vimos, especialmente O-H, partem do pressuposto de que a abertura comercial promove maior bem-estar e eficiência das economias nacionais na versão estática. Na versão dinâmica, em que é introduzido um equilíbrio dinâmico, a liberalização comercial incentiva ao longo do tempo o crescimento econômico na medida em que melhora a alocação de recursos e ceifa as distorções de mercado.

No mundo real, como Jayme Júnior (2001) enfatiza, essa visão convencional chega a ser questionada dentro do próprio *mainstrean* devido às poucas evidências empíricas encontradas para apoiar a teoria. Entretanto, existem tanto defensores renomados dessa visão como críticos. Vejamos algumas das suas características que justificam os resultados dos modelos quando aplicados à realidade:

> **Tecnologia endógena**: está de acordo com os que defendem que o crescimento econômico e o comércio internacional estão ligados a uma relação íntima entre a capacidade do país em difundir o conhecimento tecnológico e a economia de escala. Representa uma forma de obter vantagens comparativas no mercado internacional. Dessa maneira, representa um dos motores do crescimento econômico dentro da visão convencional, mas não diz exatamente de onde sai o desenvolvimento tecnológico (Grosman; Helpmen, 1990).

> **Poupança**: o outro motor do crescimento nos modelos convencionais. Serve para o país aumentar o seu investimento produtivo, considerando o mercado financeiro um mero intermediário entre poupadores e emprestadores, sendo fundamental para aumentar a capacidade produtiva nacional e promover o crescimento econômico.

> **Falhas de mercado**: quando o funcionamento de mercado se afasta da estrutura de mercado perfeita, podem ser distorcidos os resultados da abertura comercial, sendo prejudicados os efeitos benéficos de melhor alocação de recursos com a livre mobilidade de fatores (trabalho e tecnologia, por exemplo). Por isso, os resultados para o crescimento econômico nem sempre são tão benéficos quanto a teoria convencional poderia levar a pensar em um primeiro momento,

sem considerar as falhas (Srinivasan; Bhagwati, 1999).
Outros problemas relacionados à visão convencional, mesmo nos modelos recentes, estão associados à deficiência de análise, a como descolar a produção com a demanda agregada e de novos problemas na esfera da balança de pagamentos, à inserção no sistema financeiro internacional* e à estrutura institucional peculiar de cada país. Apesar desses problemas, a visão convencional é muito utilizada em trabalhos acadêmicos e a maioria dos economistas segue essa linha, que chamamos, por isso, frequentemente de *mainstrean*, pois é a visão dominante.

Existe um *mainstrean* porque existe uma visão alternativa, não é? A visão alternativa mais difundida sobre a relação entre comércio internacional e crescimento econômico é a da explicação keynesiana, especialmente a abordagem estruturalista e pós-keynesiana, ambas enfatizando a demanda como um componente relevante para viabilizar o crescimento econômico. Porém, Jayme Júnior (2001) define muito bem essa visão ao analisar comércio e crescimento por meio do crescimento liderado pelas exportações (*export led growth*), da estratégia de substituição de importações e das restrições de balanço de pagamentos.

A visão pós-keynesiana demonstra a importância dos multiplicadores do investimento e do componente externo da demanda agregada. Os estruturalistas enfatizam o aspecto da demanda para o crescimento econômico, mas observam os aspectos da importância dos déficits de conta corrente e dos aspectos financeiros da conta de capital.

---

* Veremos esses pontos nos capítulos 6 e 7.

As políticas de crescimento orientado pelas exportações partem do pressuposto de que as exportações são um componente importante da demanda nacional. Assim, quando estimuladas, geram externalidades dentro do país, elevando a demanda agregada, movimentando a economia e incentivando o investimento gerador de crescimento econômico. Ao mesmo tempo, essa visão ressalta a importância de estratégias que evitem o constrangimento da balança de pagamentos e vulnerabilidade externa, que podem precipitar o fim da estratégia de crescimento econômico do país. Um exemplo é quando, para aumentar as exportações, é necessário elevar as importações, resultando em déficits externos e na dificuldade de continuar importando para manter as exportações. É um pouco complicado de compreender à primeira vista, mas você logo ficará mais íntimo dessa lógica ao longo do tempo na medida em que reflita sobre a dinâmica de funcionamento.

Outro aspecto dessa visão é a estratégia de substituição de importações, que consiste em parar de importar bens e passar a produzi-los internamente. Dessa maneira, a proteção e o incentivo dados à indústria nascente permitem estimular o crescimento industrial e a demanda interna do país, redundando no processo de industrialização e crescimento econômico. Isso foi uma estratégia muito usada no Brasil e em outros países da América Latina pró-industrialização.

Mais à frente, no capítulo 4, vamos estudar profundamente o protecionismo e estratégias de industrialização adotadas pelos países em desenvolvimento. Lá teremos uma visão focalizada na materialização dessas teorias keynesianas no mundo real. Por ora, basta você ter em mente a diferença entre a abordagem convencional e a alternativa, pois isso é muito importante para compreender o assunto tratado nos próximos capítulos.

2.3 economia política do comércio internacional

Quando usamos a expressão *economia política*, queremos dizer que o mundo não é perfeito como as teorias costumam ver, mas é cheio de interesses e conflitos que podem e vão influenciar as decisões e resultados finais. No caso do comércio internacional, isso não é diferente. Aquela dinâmica que mostramos dos modelos convencionais, que com certeza você compreendeu muito bem, dificilmente é aplicada na realidade, pois os grupos e pessoas potencialmente prejudicados pela abertura comercial lutam para se defender e evitá-la, enquanto os beneficiados exercem pressões no sentido contrário. Em ambos os casos, cada grupo ou agente está defendendo o seu interesse e não é tão relevante para ele se o bem-estar da sociedade como um todo aumentará se um dos prejudicados for ele próprio.

Para exemplificar os problemas existentes no comércio internacional, vamos retornar ao nosso exemplo da relação entre Brasil e Argentina, apresentada na primeira seção deste capítulo. O uso desse exemplo é interessante porque mostra os benefícios que podem advir de uma integração comercial com base no modelo convencional de fatores específicos. Agora, vamos mostrar os problemas que podem entravar a integração comercial. Cremos que você deva ter estranhado a perfeição da integração comercial mostrada nesse exemplo; agora daremos toques de imperfeições para trazê-lo mais próximo da realidade.

Se tudo desse certo de acordo com o modelo que mostramos na primeira parte do capítulo, ambos os países teriam ganhos de bem-estar por conseguirem ter acesso a bens intensivos em fatores específicos escassos nos seus países a menores preços, elevarem a renda dos detentores dos fatores específicos abundantes e impulsionarem o crescimento econômico. Porém, vamos adicionar alguns problemas possíveis e, até mesmo, esperados no relacionamento comercial bilateral nos moldes propostos pelo modelo.

Primeiramente, vamos considerar um grave problema que podemos encontrar em qualquer abertura comercial: a força que os possíveis perdedores fazem para que o negócio não seja efetivado. Em outras palavras, dentro do modelo que estudamos, os detentores dos fatores específicos relativamente escassos tendem a sofrer com a competição externa, levando à redução de seu mercado, forçando a redução dos preços relativos cobrados em nome de sua sobrevivência e refletindo uma menor participação na renda nacional. A partir desse ponto, podemos descrever situações hipotéticas dentro do Brasil e da Argentina que podem entravar as negociações de liberalização bilateral do comércio.

No Brasil, os detentores do fator escasso terra podem desempenhar um grande poder de influência sobre os rumos da política nacional através de meios legais, como, por exemplo, financiamento de campanhas políticas e de campanhas midiáticas. Dessa forma, a classe ruralista pode ter um forte *lobby* frente à estrutura de Estado e uma retórica de defesa dos seus interesses muito forte em relação aos eleitores e à sociedade. Inclusive podem invocar os mais variados argumentos para que uma abertura comercial que lhes prejudique seja rechaçada, mesmo que seja benéfico para toda a sociedade em termos agregados.

Por exemplo, um dos argumentos possíveis é que a agricultura é um dos elementos fundamentais da segurança do país frente às instabilidades mundiais e, assim, é garantido que a população não passe fome se o fornecimento externo de alimento for cortada. É um argumento que tem um teor muito mais emocional do que racional, mas que serve aos interesses desse grupo para evitar a abertura comercial maléfica. Outro argumento pode ser de o setor agrícola empregar uma grande massa de trabalhadores que, se a liberalização for em frente, ficarão desempregados e com dificuldades de encontrar uma nova ocupação, e irão transformar-se em ônus ao Estado na medida em que este precisa fornecer meios para que sobrevivam.

O que falamos no parágrafo anterior, utilizando o nosso exemplo como base, pode facilmente ser sugerido em uma discussão recorrente no noticiário, que é a liberalização comercial dos bens agrícolas. Nesse caso, os países desenvolvidos, sobretudo da Europa Ocidental, buscam justificativas para não efetivar a liberalização do comércio de produtos agrícolas com a retirada das proteções aos produtores nacionais. Os produtores agrícolas possuem um grande *lobby* e invocam os mais diferentes argumentos para evitá-la. Outros países que são grandes e competitivos produtores agrícolas, como, por exemplo, o Brasil, argumentam em favor da liberalização, que seria benéfica para os seus produtores.

Na Argentina, o setor proprietário do fator específico escasso, no caso, capital, também pode invocar os mais variados argumentos para que a liberalização comercial não seja efetivada. Nessa linha de argumentação, podemos destacar dois pontos. Um é que a indústria desempenha um papel importantíssimo no desenvolvimento do país a longo prazo. O outro é que a posição de um mero exportador de produtos agrícolas provoca uma situação de fragilidade no país frente às intempéries da economia e da política mundial, considerando que tais produtos são de baixo valor agregado, sem grande emprego de tecnologia. Ambos os argumentos têm algum fundo de verdade e, por isso, são frequentemente invocados na defesa que os países emergentes fazem para não efetivar a abertura comercial no setor de serviços e bens industrializados que não são competitivos.

Outro aspecto que pode frear qualquer integração econômica, mesmo que seja benéfica em termos agregados para o país, é que a destruição de um setor de fator específico escasso pode levar à criação de uma massa de desempregados que não conseguem ser absorvidos pelo setor que detém a posse dos fatores abundantes. Assim, a pressão da população pode ser tão grande a ponto de inviabilizar que o acordo comercial seja efetivado ou seja desenvolvido. Isso ocorre porque um governo dificilmente será eleito sem os votos dessa população, que tem em sua base trabalhadores e seus simpatizantes.

Estudo de caso

Neste texto, veremos um caso que mostra como tensões políticas e outros interesses de grupos internos dos países influenciam decisivamente a liberalização comercial.

Este caso consiste em algo bem próximo, que é a relação entre Brasil e Argentina.

Aumenta tensão comercial entre Brasil e Argentina

As barreiras comerciais impostas pelo Brasil às importações da Argentina, uma represália contra medidas semelhantes tomadas pelo governo da presidente Cristina Kirchner, elevaram as tensões bilaterais a ponto de o embaixador brasileiro em Buenos Aires ser chamado para explicações na chancelaria argentina.

O embaixador brasileiro, Mauro Vieira, foi convocado pelo chanceler Jorge Taiana, que divulgou um comunicado através do Ministério das Relações Exteriores declarando-se "preocupado com a interrupção do fluxo comercial com o Brasil".

Referindo-se às licenças não automáticas impostas por Brasília, Taiana reclamou que "vários caminhões com produtos perecíveis argentinos estão sendo retidos nas diferentes fronteiras com o país vizinho (Brasil) sem aviso prévio".

O ministro argentino da Economia, Amado Boudou, minimizou o conflito bilateral nesta terça-feira, destacando que os dois países já estão dialogando para resolvê-lo. "Nos demos conta de que apenas 6% do total de comércio bilateral apresentava algum nível de conflito, e são justamente os temas que hoje ganham atenção porque são os que devemos resolver", disse Boudou.

O governo de Luiz Inácio Lula da Silva freou importações argentinas de farinha de trigo, óleos, alho, vinho, frutas, rações para animais e caminhões fabricados na

Argentina, entre outros produtos.

A medida é uma resposta às licenças não automáticas estabelecidas pela Argentina com o argumento de que o país precisa proteger seu mercado de trabalho, sua indústria e sua produção dos efeitos da crise econômica mundial.

A Câmara Argentina de Fruticultores Integrados (CAFI) informou que pelo menos 400 caminhões com frutas estavam parados na fronteira com o Brasil à espera de permissão para entrar com suas cargas no país.

Já a Federação Argentina da Indústria Moleira alertou que as medidas de proteção comercial afetaram 20.000 toneladas de farinha de trigo que já haviam sido despachadas quando as restrições entraram em vigor, ficando assim presas em portos e na fronteira.

Em outubro, Kirchner pediu ao Brasil a suspensão das restrições de entrada de caminhões argentinos, durante uma visita à fábrica da Iveco, filial de veículos pesados da italiana Fiat, na província de Córdoba (centro).

O Brasil, por sua vez, se sente prejudicado pelas barreiras às importações de têxteis, calçados e eletrodomésticos para a Argentina, impostas por Buenos Aires com o objetivo de moderar a queda da demanda e do emprego em consequência da crise. No setor de calçados, a Argentina mantém congelados pedidos de importação que somam sete milhões de pares de uma tradicional sandália brasileira, segundo informações da imprensa.

As queixas contra a política comercial argentina também foram ouvidas na cúpula do Mercosul de julho deste ano, com protestos do Uruguai e do Paraguai. O Brasil já havia expressado sua preocupação com a evolução das barreiras, ao ver caírem em 42% suas exportações para a Argentina no primeiro semestre, depois de ter comemorado um superávit comercial bilateral de 4,344 bilhões de dólares em 2008. Em julho, exportadores brasileiros denunciaram que o mercado perdido na Argentina está sendo ocupado pela China, e pediram a Lula que combata as licenças não automáticas argentinas na Organização Mundial do Comércio (OMC), o que não agradou as autoridades do país vizinho.

Argentina e Brasil mantêm uma política de monitoramento contínuo de seu comércio bilateral para ajustar eventuais desequilíbrios, através de um sistema do qual participam empresários dos dois países.

Fonte: Último Segundo (2009). Disponível em: <http://ultimosegundo.ig.com.br/economia/2009/10/27/aumenta+tensao+comercial+entre+brasil+e+argentina+8952971.html>. Acesso em: 25 nov. 2009.

Síntese

Neste capítulo, vimos a relação entre o comércio internacional, a distribuição de renda, o crescimento econômico e o bem-estar social. Abordamos também a economia política do comércio internacional, que sempre está presente nas negociações do mundo real. Na primeira parte do capítulo, conhecemos como as teorias convencionais lidam com os efeitos sobre a distribuição de renda e bem-estar agregado da sociedade provenientes da liberalização comercial, verificando que esta é benéfica para a sociedade e que independe da situação dos setores ganhadores ou exportadores. Na segunda parte, passamos a conhecer a teoria convencional e a keynesiana sobre a interligação entre crescimento econômico e comércio internacional. Por fim, discutimos a economia política do comércio internacional e como pode entravar negociações direcionadas à abertura comercial devido à pressão exercida pelos grupos prejudicados por essa abertura.

Questões para revisão

Para responder às perguntas 1 e 2, considere dois países, A e B. O país A é relativamente abundante em capital em relação à terra, e o país B, relativamente abundante em terra em relação ao capital. Ambos têm condições de produzir dois bens: manufaturas e produtos agrícolas. As manufaturas necessitam de dois fatores de produção: capital e trabalho. Os produtos agrícolas demandam dois fatores de produção: terra e trabalho.

1. Em autarquia, como a produção e preços relativos se situam em cada país? E como fica a distribuição de renda entre os dois setores da economia?

2. Com o advento do comércio entre os países A e B, o que deve ocorrer com a produção, os preços relativos, a distribuição de renda e o bem-estar?

3. Em relação às teorias liberalizantes do comércio internacional e o crescimento econômico, coloque nas alternativas (F) para falso ou (V) para verdadeiro:

(   ) A liberalização comercial é a melhor forma de obter a alocação ótima de recursos.

(   ) As falhas de mercado podem distorcer os resultados da liberalização comercial.

(   ) É possível obter uma alocação ótima de recursos sem a existência do livre mercado e liberalização, gerando o máximo de bem-estar à sociedade dos países envolvidos.

(   ) O máximo de bem-estar é gerado através da ação do livre mercado e liberalização comercial.

(   ) A visão desse tipo de teoria enfatiza o papel da oferta agregada, mas não da demanda e dos problemas financeiros que o país pode sofrer devido à liberalização.

Agora, assinale a alternativa que corresponde à sequência correta:

a) F, V, F, V, V
b) F, F, V, V, V
c) V, V, F, V, V
d) V, F, V, V, F
e) F, F, F, V, V

4. Em relação aos modelos do tipo keynesiano de crescimento econômico, coloque nas sentenças a seguir (F) para as falsas ou (V) para as verdadeiras:

(   ) Enfatiza o papel da demanda agregada para o crescimento econômico.

(   ) Considera que as exportações são uma forma de aquecer a demanda agregada e promover o crescimento da economia.

(   ) Justifica o estabelecimento de medidas protecionistas e de substituição de importações.

(   ) O Brasil, como outros países em desenvolvimento, fez uso de políticas de substituição de importações e promoção das importações, em maior ou menor medida, para impulsionar o seu crescimento econômico, em especial o industrial.

(   ) O aspecto financeiro não é visto como relevante para as teorias dessa linha.

Agora, assinale a alternativa que corresponde à sequência correta:

a) F, V, F, V, V
b) F, F, V, V, V
c) V, V, F, V, V
d) V, V, V, V, V
e) F, F, F, V, V

5. Considere a relação comercial entre dois países: A e B. O país A é industrializado, mas tem um influente grupo de produtores agrícolas dentro da esfera política nacional. O país B é agrícola, mas possui um pequeno e influente grupo de industriais. Então, julgue as afirmativas em verdadeiro (V) ou falso (F):

(   ) O país A deve ter dificuldades em liberalizar o mercado de produtos agrícolas devido à pressão desses produtores agrícolas contra a competição externa.

(   ) O país B tende a sofrer uma situação semelhante ao país A, mas a pressão é proveniente do pequeno grupo de industriais que não desejam a competição externa.

(   ) Em uma situação de livre-comércio entre os países A e B o bem estar agregado de ambos cairia.

(   ) No livre-comércio existem ganhadores e perdedores, mas no geral os benefícios superam os custos e, portanto, é interessante o livre-comércio entre o país A e B.

(   ) Os grupos minoritários de cada país não aceitam o livre-comércio por que não conseguem competir com os bens importados e, assim, um acordo desse gênero significaria a sua extinção.

Agora, assinale a alternativa que corresponde à sequência correta:

a) F, V, F, V, V
b) F, F, V, V, V
c) V, V, V, V, V
d) V, F, V, V, F
e) V, F, V, V, V

Questões para reflexão

1. Reflita sobre se a integração comercial Brasil e Argentina é tão importante para ambos e pode elevar o bem-estar e eficiência das duas economias e responda: por que existe tensão comercial entre os dois, como o texto I mostra?

2. Até que ponto as exportações são relevantes para impulsionar a economia de um país? Será que ocorre algo parecido no Brasil? Pesquise e tente responder.

Para saber mais

ACEMOGLU, D.; VENTURA, J. The World Income Distribution. **The Quarterly Jornal of Economic**, v. 117, n. 2, p. 659-649, maio 2002. Disponível em: <http://www.crei.cat/people/jventura/w8083.pdf>. Acesso em: 01 out. 2009.

Nesse artigo, os autores investigam a distribuição da renda tendo uma perspectiva liberalizante.

MCCOMBIE, J.; THIRLWALL, A. **Economic growth and the balance of payments constraint.** Londres: St. Martins, 1994.

Esse livro aborda muito bem os problemas em balança de pagamentos relacionados com a estratégia de crescimento, buscando explicar a mecânica da relação entre as variáveis.

3 fatores de competição e competitividade internacional

conteúdos do capítulo

> Aspectos mais realistas da economia internacional.
> Os fatores que levam um país a ser mais ou menos competitivo no mercado internacional.
> Fatores: imperfeições de mercado, mobilidade de fatores e formatação da estrutura produtiva mundial.

após o estudo deste capítulo, você será capaz de:

1. Compreender como as imperfeições de mercado interferem na competitividade das empresas frente ao comércio internacional, especialmente os efeitos dos *clusters* sobre a competitividade internacional.

2. Saber que é possível a mobilidade de fatores de produção entre países, especialmente o trabalho e capitais financeiros, lembrando também que as multinacionais desempenham um fator de mobilidade importante dentro da economia mundial.

3. Perceber que as estruturas produtivas mundiais são cada vez mais integradas, intensificadas pelo avanço tecnológico de comunicações e transporte, e que, dessa forma, a concepção de um simples produto pode envolver diversos países responsáveis por partes do processo de concepção, produção e distribuição do produto.

4. Conhecer a importância da tecnologia para a competitividade e melhor posicionamento do país frente à integração produtiva mundial.

Você percebeu que nos últimos dois capítulos caminhamos paulatinamente para próximo da realidade? Pois bem, neste capítulo vamos chegar mais perto ainda à medida que abordarmos os fatores que fazem os países serem competitivos no mercado internacional e como a integração produtiva ocorre.

Na primeira parte, vamos retornar a um assunto que discutimos no primeiro capítulo de forma bem preliminar, referente aos efeitos das economias de escala e imperfeições de mercado para empresas ou grupos de empresas obterem maior competitividade no cenário internacional. Neste capítulo, vamos falar muito de uma coisa chamada *cluster*, que nada mais é que o agrupamento de empresas do mesmo ramo de atividade que se juntam na mesma região, obtendo ganhos de escala e redução de custos, redundando no aumento da competitividade nacional e internacional.

Na segunda parte, voltamos a nossa atenção à mobilidade de fatores de produção e seu efeito sobre a competitividade do país e integração produtiva frente ao resto do mundo. Isso é importante porque os modelos convencionais que estudamos até aqui não abordaram o efeito da mobilidade de fatores na medida em que são versões simplificadas, o que melhora a compreensão dentro da proposta do livro. Assim, destacaremos os efeitos da mobilidade de trabalho, capital e o papel das empresas multinacionais. Dentro desse item, você poderá verificar os motivos econômicos de ações de governos para dificultar a imigração.

Na terceira parte, abordaremos a integração produtiva dentro do movimento mais geral de globalização. Dessa forma, você poderá verificar os motivos que levam empresas multinacionais a espalharem as suas plantas produtivas pelo mundo e terceirizar atividades ligadas ao seu negócio, ou mesmo empresas nacionais a terem uma rede de fornecedores e consumidores de seus produtos espalhados pelos quatro cantos do mundo.

Por último, vamos abordar a importância da tecnologia para que um país seja competitivo no cenário internacional. A base teórica para essa abordagem é a perspectiva evolucionária, que encara a inovação e o desenvolvimento de conhecimento (ou tecnologia) como o motor do crescimento econômico. Essa abordagem difere da visão convencional que vimos no capítulo anterior porque busca dar uma explicação sobre a origem do desenvolvimento tecnológico e o coloca como centro da análise. Voltaremos a esse ponto no próximo capítulo para explicar a estratégia de industrialização dos países em desenvolvimento.

3.1 economias de escala, imperfeições de mercado e *clusters*

Falando como economistas, em microeconomia dizemos simplificadamente que economia de escala significa que, quando dobramos a quantidade de insumos, mais que dobramos a quantidade produzida, levando a um menor custo médio. Essa é uma visão para a empresa individual, mas também pode ser transplantada para economia de escala interna, envolvendo o ambiente regional que as firmas operam, sendo chamadas de *economias externas*; esse ambiente é o que realmente nos interessa na discussão desta seção. O primeiro economista a estudar essa questão foi Alfred Marshall

(1920) no começo do século XX, utilizando como objeto de estudo as empresas industriais aglomeradas em certas regiões, chamadas de *clusters*, que detinham vantagens competitivas em relação às firmas da mesma natureza localizadas em regiões isoladas.

Originalmente, o estudo dizia respeito a firmas industriais que atuassem em ramos semelhantes, localizadas na mesma região, e se concentrava na indústria britânica. Entretanto, em um primeiro momento, podemos transportar essa ideia de ganhos de escala externos para qualquer país que detenha firmas concentradas em certa região que atuem no ramo semelhante. Podemos citar dois exemplos históricos de cidades norte-americanas. Um é Petersburg, conhecida como *a cidade do aço*, por ser considerado um grande número de indústrias siderúrgicas. O outro é Detroit, conhecida como *a cidade do automóvel*. Ambas ganharam seus títulos quando, ao longo da industrialização norte-americana, concentraram um grande número de empresas dessas atividades, tendo muitas vantagens competitivas sobre outras regiões do país e do exterior. Porém, hoje em dia ambas estão em decadência nas suas históricas atividades principais, pois as indústrias localizadas nessas cidades têm grandes dificuldades de competir com companhias de outras regiões e países.

Aplicando a lógica original dos *clusters* para empresas industriais no Brasil, não temos grandes dificuldades em encontrar exemplos de regiões que concentram indústrias de determinado ramo. Vamos aos exemplos: no setor metal mecânico, ligado à fabricação de automóveis, caminhões e autopeças, podemos nos lembrar facilmente do ABC paulista e da região de Caxias do Sul; em relação à confecção de roupas, a cidade de Cianorte no interior do Paraná; para a indústria naval (fabricação de navios, plataformas exploratórias de petróleo, por exemplo), a produção está em boa parte concentrada no Rio de Janeiro. É claro que existem muitos outros exemplos de *clusters* industriais no Brasil das mais diferentes naturezas, e apresentamos apenas alguns referenciais para exemplificar.

Em uma interpretação elástica, podemos considerar que os *clusters* podem dar vantagens competitivas também aos setores de serviços em geral. Vamos começar com o exemplo de serviços financeiros, não de agências bancárias para atender ao cliente individual, mas o centro nervoso da administração e de operações das instituições financeiras. Nos Estados Unidos, existe uma grande concentração de instituições financeiras em Nova York. No Brasil, podemos citar algo semelhante na Avenida Paulista em São Paulo, cidade que é o centro financeiro do país. Outro exemplo pode ser o comércio. Um shopping pode ser considerado uma forma de *clusters*, pois os lojistas hospedados têm vantagens competitivas em relação aos lojistas localizados em ruas próximas. A mesma lógica pode ser aplicada nas ruas de comércio que existem na maioria das cidades brasileiras, como, por exemplo, a Avenida 25 de Março, em São Paulo, e a Rua XV de Novembro, em Curitiba.

A concepção de *cluster* também pode ser usada para denominar as regiões onde se concentram centros de pesquisa e desenvolvimento de tecnologias de ponta. O exemplo mais citado é o Vale do Silício (Silicon Valley) no estado da Califórnia, Estados Unidos, que concentra um grande número de empresas de eletrônica que trabalham na fronteira tecnológica. No Brasil, o nosso "Vale do Silício" está situado na cidade de Campinas, São Paulo, onde estão concentradas as bases de grandes empresas do setor de eletrônica. No Estado de São Paulo, ainda podemos considerar a região de São José dos Campos como o centro da indústria aeroespacial brasileira, contando com empresas como a Embraer e a Mectron. Em um futuro próximo, considerando a exploração das jazidas petrolíferas do Pré-sal e a intenção do governo e do BNDES, poderemos contar com uma região que concentre os centros de pesquisa e desenvolvimento de tecnologias aplicadas a equipamentos e processos para viabilizar essa exploração.

Voltemos a Marshall e a sua visão original dos motivos que levam as firmas que se consideram em determinada região a deterem vantagens competitivas em relação às que atuam isoladas. Basicamente, as vantagens competitivas dizem respeito a três aspectos: (i) sustentar uma rede de fornecedores especializados; (ii) acesso ao mercado de trabalho comum; (iii) fomentar o vazamento de conhecimento.

As vantagens de ter fornecedores especializados de insumos para o desenvolvimento de atividades no ramo em que as empresas atuam, normalmente, demandam uma grande quantidade de bens e serviços especializados. Porém, uma forma individual não fornece a demanda necessária para justificar o investimento maciço de companhias para oferecer esses bens e serviços que poderiam reduzir custos e economizar tempo. Dessa forma, quando muitas empresas de atividade semelhante se unem em uma mesma região, produzindo bens e serviços semelhantes, a tendência é que os fornecedores venham a se instalar na região ou proximidades, a fim de atender às firmas da região.

A existência de um mercado comum de trabalho deriva da capacidade da aglomeração de firmas de atividades semelhantes na mesma região, que atraem e formam trabalhadores qualificados para a atividade predominante. Ao mesmo tempo, a região atrai profissionais de outras regiões e incentiva a formação de novos trabalhadores para atuar em atividades ligadas àquele ramo. Uma das consequências principais é que a região permite aos trabalhadores que desejam se manter naquele ramo de atividade simplesmente mudarem de empresa se acharem interessante e permanecer morando na mesma cidade, tendo os mesmo ou maiores benefícios do emprego anterior.

O vazamento de conhecimento deriva da convivência próxima de atividades de ramos semelhantes, permitindo que cada empresa individualmente tenha noção do que as firmas vizinhas estão fazendo. Dessa forma, podem rapidamente conhecer o que os concorrentes estão fazendo, os produtos oferecidos, os conceitos e tecnologias aplicadas no produto e processo de produção. Parte do processo de conhecer o que a firma vizinha faz implica engenharia reversa, espionagem, roubo de empregados etc. Em resumo, o nível de competitividade e tecnologia dos produtos e processos das firmas do *cluster* tende a ser semelhante, e o processo de vazamento de conhecimento serve para as nivelar e incentivar a busca de inovações.

Depois de nossa aventura com os *clusters*, vamos introduzi-los na discussão sobre comércio internacional, mais especificamente sobre como um país que detém um *cluster* de alguma indústria ou de serviços pode obter vantagens competitivas sobre firmas individuais ou aglomerados localizados em outros países. Primeiro, considerando que os *clusters* têm as vantagens que enumeramos, podemos concluir que essas firmas têm vantagem não só sobre empresas individuais internas, mas também de empresas individuais localizadas em outros países. Dessa forma, o país que detém *clusters* tem facilidades em introduzir seus produtos em mercados externos de países que podem até produzir aquele bem, mas não detêm aglomerados de firmas ou possuem *clusters* menos competitivos.

3.2 mobilidade dos fatores de produção

Você percebeu que até agora nos nossos modelos de comércio consideramos que os fatores de produção são relativamente fixos ou dados pelo ambiente? Pois bem, essa é uma das características simplificadoras das teorias para facilitar o trabalho de análise e isolar os resultados para o mundo ideal, mas que podem ser transplantados para o mundo real. Nesta seção, vamos flexibilizar esse ponto para nos aproximarmos ainda mais do funcionamento real da economia, ou seja, considerar um mundo em que os fatores de produção e as vantagens proporcionadas não são estáticos e podem apresentar mobilidade entre países. Tomaremos como base para este estudo o capítulo 6 do livro de economia internacional de Krugman e Obstfeld (2005, p. 110-112), mais especificamente o tópico sobre a teoria das economias externas. Nesse item, são citadas três formas de mobilidade de fatores de produção: trabalho, capitais financeiros e as empresas multinacionais.

3.2.1 Mobilidade do fator trabalho

A mobilidade do fator trabalho se refere às migrações de pessoas de um país para outro, considerando que a maioria delas vai atuar no outro país como trabalhadora. Portanto, quando falamos de mobilidade do fator trabalho, implicitamente estamos nos referindo à imigração. Para verificar os efeitos da mobilidade de trabalho, vamos considerar um modelo bem simplificado, em que levamos em conta que os trabalhadores são homogêneos (mesma qualificação, produtividade, nível de escolaridade etc.), que não existem custos econômicos e não econômicos para o trabalhador mudar de país. Também consideramos que o mercado de trabalho é perfeito. Isso significa que os trabalhadores recebem o salário de acordo com o produto marginal do trabalho (PMgL) e que não existem leis trabalhistas. Bem, você pode perceber que é uma simplificação típica de economistas para isolar o efeito final.

Para verificar os efeitos da dotação do fator trabalho entre países, vamos considerar duas nações. O país A é relativamente escasso em relação ao fator trabalho, e o país B é relativamente abundante em trabalho. Em autarquia e considerando que os trabalhadores recebem pelo seu PMgL, dadas as dotações relativas do fator trabalho, o país A tem um salário maior porque o fator trabalho é escasso, o que leva a PMgL ser maior em relação ao país B. O que ocorre se a migração entre esses dois países for livre? Lembre-se de que consideramos que não haja custos para a migração e os trabalhadores sejam homogêneos. A resposta é óbvia: os trabalhadores do país B tendem a migrar para o país A com objetivo de desfrutarem de maiores salários. Porém, como a dotação do fator trabalho no país A aumenta, os salários caem porque a PMgL cai, levando à redução do bem-estar dos trabalhadores nativos do país A, apesar de elevar a dos trabalhadores que migraram porque estes passam a ganhar mais. No país B ocorre o contrário, pois a dotação do fator trabalho cai, elevando a PMgL e os salários, beneficiando os trabalhadores que permaneceram no país.

O que podemos aprender com esse modelo simplificado quando transplantado para o mundo real? Primeiramente, tenha em mente que o mundo real é muito mais complexo: os trabalhadores são heterogêneos; possuem diferentes níveis de qualificação, experiência e produtividade; existem barreiras culturais e de gostos que podem dificultar a migração e a empregabilidade de um imigrante, entre outros fatores.

Porém, nosso modelo indica um efeito importante da migração e que é usado como uma das justificativas para os países legalmente dificultarem a entrada de trabalhadores estrangeiros. O argumento se baseia no fato de o trabalhador estrangeiro competir com o nacional, reduzir a PMgL e os salários médios praticados pelo mercado, implicando a redução do bem-estar dos trabalhadores nacionais. O resultado prático é que as leis antimigração dos países desenvolvidos, especialmente dos trabalhadores menos qualificados, ganham apoio político da população para serem praticadas. No fundo, existe o interesse geral da sociedade para que os salários se mantenham no maior nível possível tal como o nível de emprego, o que não ocorreria se houvesse liberdade da movimentação de pessoas.

3.2.2 Mobilidade do fator capital

Frequentemente, utilizamos neste livro a palavra *capital* como sendo uma forma de chamar os bens de capital produtivo. Agora, nos referimos à *transferência de capital* como capitais financeiros, empréstimos e investimentos de um país para o outro.

A mobilidade de capital é hoje em dia a forma mais comum de transferência de fatores entre países na medida em que um país pode financiar os investimentos e consumo de outro. Isso também influi no comércio intertemporal, em que um país que detém excesso de capitais pode direcioná-los para empréstimos a países que têm deficiência em capitais para financiar o seu investimento e consumo. É previsível que no futuro os países que tomaram empréstimos sejam obrigados a honrá-los, mas terão obtido os benefícios oriundos do capital externo. Dessa forma, ambos os países seriam beneficiados com bem-estar elevado.

A dinâmica que descrevemos é muito frequente no desenvolvimento capitalista mundial, especialmente a partir da segunda metade do século XIX. Esse assunto terá profusão no último capítulo deste livro sobre o sistema monetário internacional, em que veremos que a história é bem mais complicada do que os dois exemplos que vamos citar.

O primeiro exemplo é o modelo de desenvolvimento adotado pelos países latino-americanos, especialmente o Brasil, entre as décadas de 1950 e 1980. Nesse modelo, o país recorreu a empréstimos externos para financiar o seu desenvolvimento e ampliação da sua capacidade produtiva. O resultado foi o endividamento externo, que se tornou impagável na década de 1980, mas isso permitiu ao país construir uma estrutura industrial invejável. Portanto, quando você ouvir sobre endividamento externo do Brasil, tenha em mente que serviu para construir a estrutura produtiva brasileira, mas com a ação da administração financeira e o cenário global negativo, ficou impagável. Foi o risco corrido pelos governantes na época.

O segundo exemplo é o modo como os Estados Unidos mantêm um nível de consumo muito superior ao que poderiam pelos seus próprios meios e capacidade produtiva. Para isso, utilizam empréstimos externos, contraídos junto aos países que detêm grandes reservas em dólares, especialmente China, Coreia do Sul, Brasil, entre outros. Um dia terá que ser pago. Como ocorrerá isso? É difícil dizer. Falaremos disso no último capítulo; por enquanto, não se preocupe ou vá direto ao último capítulo se preferir.

3.2.3 Empresas multinacionais

As firmas multinacionais têm um papel importante na medida em que atuam em vários países e buscam diversificar a sua estrutura produtiva, dadas as condições de competitividade de cada país e estratégia de negócios. Elas foram se desenvolvendo a partir dos "países centrais", isto é, os mais desenvolvidos da Europa e da América do Norte, sobretudo a partir do final da Primeira Guerra Mundial. Nos países recém-industrializados da Ásia e nos assim chamados *países emergentes*, com destaque para os países do Bric (Brasil, Rússia, Índia e China), as empresas passaram a ter uma atividade internacional destacada a partir do final do século XX e início do XXI. Nesse caso, a maioria delas começou como exportadora e, à medida que aumentou sua presença internacional, implantou escritórios comerciais e, depois, plantas industriais no exterior, buscando as mesmas vantagens competitivas de suas congêneres europeias e norte-americanas.

3.3 integração produtiva

Hoje em dia cada vez mais ouvimos falar em globalização. Talvez, a partir da década de 2000, estejamos vivendo a Era Pós-Globalização, na medida em que os impactos mais profundos de mudança de paradigmas já foram absorvidos, passando a ser considerados normais. No começo da década de 1980, dificilmente alguém podia mandar um *e-mail* do Brasil para a China, pois não existia uma rede de comunicação tão desenvolvida, os computadores eram arcaicos e a internet, uma utopia. Além do mais, não faria sentido mandar um *e-mail* para a China, pois quase nada se fabricava lá na época.

A globalização está diretamente ligada à integração produtiva mundial, em que são relacionadas três esferas: financeira, produtiva e comercial. O aspecto financeiro vai ser discutido no último capítulo do livro. O aspecto produtivo diz respeito à articulação internacional das redes produtivas das empresas, sendo o principal foco desta seção. O aspecto comercial é o que mais discutimos até agora no livro, consistindo no aumento das trocas comerciais.

Para abordar a integração produtiva mundial, é interessante não entrarmos no mérito de modelos, mas sim recorrer a um exemplo concreto de um produto, com centros responsáveis pelo desenvolvimento de aspectos dele localizados em países diferentes e interagindo para obter o produto final. Como exemplo, vamos considerar uma mochila esportiva. Infelizmente, como nenhuma empresa de material esportivo se dispôs a nos patrocinar e auferir ganhos monetários aos autores, não citaremos marcas.

Essa nossa empresa é detentora de uma grande, tradicional e famosa marca de materiais esportivos. O seu país de origem são os Estados Unidos, em que foi fundada e cresceu, e hoje em dia mantém a matriz que cuida de sua estratégia global. Certo dia, os executivos, baseados em estudos de mercado e nas necessidades dos consumidores do público-alvo, decidem que é necessário lançar um novo modelo de mochila esportiva. É claro que antes precisam criar o produto e viabilizar sua produção. Então, vamos ver como isso pode ser feito dentro da integração produtiva mundial.

Primeiramente, é necessário que a nova mochila tenha um *design* que corresponda às necessidades dos possíveis consumidores. Assim, a empresa de material esportivo não faz o *design* na sua matriz localizada nos Estados Unidos, mas sim transfere essa tarefa para um escritório montado no México, pois é mais barato e eficiente do que fazer no país da matriz. Depois do desenho em mãos, é necessário pesquisar os materiais e como montar o produto, de forma a obter certo grau de qualidade, durabilidade e custo. Por isso, a empresa pode contratar um centro de pesquisas localizados em outro país, supomos o Brasil, que fará todos esses estudos.

Na parte da produção, a empresa de materiais esportivos pode optar por terceirizá-la. Um dos motivos pode estar relacionado aos custos e aos problemas em manter uma estrutura fabril, enquanto o real patrimônio da empresa é a marca. Dessa forma, pode contratar uma empresa chinesa que siga todos os requisitos técnicos e mantenha os padrões de qualidade e durabilidade do produto. A fábrica chinesa provavelmente irá comprar os materiais utilizados na fabricação da mochila em outros países de sua região, como Malásia e Coreia. Por fim, as mochilas saem da China prontas para o consumo e são entregues no mercado mundial.

Para vender as mochilas no mercado mundial, a empresa de material esportivo não precisa manter escritórios comerciais nos Estados Unidos. Ela pode ter a sua matriz de vendas em algum país bem relacionado com o mundo, onde os custos sejam menores. Por exemplo, pode manter o centro de vendas em um país da Ásia, como Singapura, sendo este responsável pela venda e distribuição das mochilas ao redor do mundo, estando permanentemente interligado com os principais clientes corporativos (grandes redes de supermercados, por exemplo) e outros distribuidores. No âmbito geral, os serviços financeiros e de contabilidade da nossa empresa de material esportivo podem não estar nos Estados Unidos, mas sim ter sido transferidos para a Índia.

O que aprendemos com nosso exemplo um pouco estilizado da integração produtiva mundial? Primeiro, as grandes empresas tendem a utilizar as características de cada país para proporcionar menores custos e qualidade em cada etapa de produção de seus produtos, ou mesmo na administração da empresa. É claro que essas interações produtivas podem acontecer sem estarem tuteladas por uma empresa, ocorrendo naturalmente quando uma firma busca produzir um bem ou apenas distribuí-lo. Pois é preciso conversar com uma rede de fornecedores para viabilizar a produção, e com tantos outros para efetivar a distribuição do que pode ser utilizado como insumo em novos bens. Naturalmente, boa parte dos fornecedores e receptores tende a não estar dentro das fronteiras nacionais, levando à integração produtiva crescente. Aliás, quanto mais complexo o produto, maior tende a ser a abrangência das redes de fornecedores e receptores em nível mundial.

3.4 tecnologia e comércio internacional

Na maioria dos livros de economia internacional, e neste até este ponto, consideramos apenas a visão convencional de que grandes investimentos em capital humano e físico permitem movimento ao longo da função de produção. Mesmo a visão convencional, que admite que a tecnologia é importante, não diz de onde ela sai. Isso corresponde ao que Nelson e Kim (2005) chamam de *teorias da acumulação* na medida em que é deixada de lado a importância da tecnologia, sendo o avanço tecnológico considerado uma consequência do aumento do capital humano e físico*. Nesta seção, vamos explorar uma visão alternativa que ganha cada vez mais força. Trata-se da corrente evolucionária (ou neoschumpeteriana) que considera fundamental o aprendizado, o domínio e o desenvolvimento de novas tecnologias para a competitividade e o crescimento do país. Diferente dos modelos convencionais, esse busca explicar de onde sai o avanço tecnológico.

---

* Ver autores como Young (1993) e Krugman (1994).

Para abordarmos isso, vamos utilizar como referência o livro de Nelson e Kim (2005), mais precisamente o capítulo introdutório que sintetiza bem as ideias evolucionárias. Os próprios autores as denominam de *teorias da assimilação*. Dessa forma, a tecnologia figura como fundamental para explicar os ganhos de produtividade e das vantagens competitivas de um país em relação aos demais. Essa linha ganhou força para explicar o rápido e bem-sucedido desempenho industrial dos países do Sudeste Asiático*, tendo a sua estrutura industrial saído praticamente do zero na década de 1960 para se tornar cada vez mais sofisticada e produzir bens com cada vez mais tecnologia e valor agregado. Esse fato torna tais nações importantes na integração produtiva mundial na medida em que componentes e bens relevantes tecnologicamente são produzidos por elas. No próximo capítulo, vamos abordar em detalhes as estratégias de proteção e industrialização seguidas pelos países do Sudeste Asiático e pelos países da América Latina.

Para exemplificar a visão, vamos olhar para os países em que o investimento em tecnologia dentro da estratégia de industrialização deu certo, como no caso dos países do Sudeste Asiático. Na literatura evolucionária, o conhecimento tem um papel fundamental no aumento da produtividade dos países de industrialização recente. Os do Sudeste Asiático tiveram grande sucesso na construção da sua estrutura industrial pós-Segunda Guerra Mundial a partir de praticamente nada, alterando a estrutura da sua economia e ganhando nuances de grandes desenvolvedores e exportadores de

---

* Podemos citar como exemplos Coreia do Sul, Tailândia, Malásia e China.

produtos com tecnologia agregada (eletrônicos) e intensivos em capital (navios mercantes).

Para começarmos, é preciso que você tenha em mente que o processo de industrialização, imitação, assimilação, criação de novas tecnologias e inserção nas redes produtivas mundiais traz consigo a necessidade de coordenação de políticas industriais promovidas pelo Estado e a criação de um ambiente propício para tal. Nesse caso, diferente do que vimos, a ação do livre mercado por si só não fornece condições para essas novas indústrias florescerem e ganharem competitividade frente ao cenário mundial.

O processo de aprendizado, em termos gerais, pode ser dividido em três fases: imitação, adaptação e inovação.

A imitação das tecnologias estrangeiras disponíveis é feita através da engenharia reversa de produtos simples que praticamente não exigem investimentos em P & D. Isso permite à empresa conhecer as qualidades e deficiências do produto estudado, as necessidades do mercado e, finalmente, como introduzir novos produtos que atendam ao mercado potencial. Fazer a imitação do produto não significa uma cópia ilegal com quebra de patentes, mas, na maioria das vezes, uma cópia barata, imitando o produto original, podendo inclusive ter a mesma qualidade. Como exemplo, podemos citar os MP4 genéricos que têm uma bateria que dura menos que as marcas famosas e com menor durabilidade e qualidade, mas que são sensivelmente mais baratos.

Apesar das vantagens e facilidades de realizar a imitação, esta não tem condições de sustentar o processo de industrialização a longo prazo. Assim, são necessárias adaptações da tecnologia aprendida com a imitação em novos produtos que, apesar de seguirem a linha do original líder, são sensivelmente diferentes. Ao mesmo tempo, são necessários incrementos em pesquisa e desenvolvimento, abrindo caminho para a acumulação de conhecimentos necessários para criar novos produtos. Por exemplo, podemos citar os MP4 que surgiram após o sucesso que foi o Ipod, tendo uma qualidade semelhante e com características muito parecidas, seguindo claramente a tendência inaugurada pelo produto líder Ipod.

Finalmente, a inovação ocorre quando as empresas, armadas com os conhecimentos adquiridos imitando e adaptando os produtos existentes e suas respectivas "cópias", podem começar a desenvolver suas próprias tecnologias e passam a investir em pesquisa e desenvolvimento próprios, ficando cada vez mais próximas da fronteira tecnológica e tão competitivas quanto às empresas que empregaram as tecnologias originais anteriormente importadas. O resultado é que os países deixam de se inserir no sistema produtivo internacional apenas com produtos de baixo valor e tecnologias agregadas, pois fornecem serviços e produtos com valor agregado cada vez maior, de alta qualidade e a preços competitivos, e se posicionam como líderes dentro dessa integração. Por exemplo, em vez de as empresas imitarem e produzirem algo semelhante ao Ipod, elas buscam ir além e criar aparelhos bem mais completos e que sejam superiores em todos os sentidos. A partir daí surgem os MP5, MP6 e outros nomes comerciais para novos produtos.

Um dos países mais famosos da região do Sudeste Asiático que adotou agressivamente esse tipo de estratégia foi a Coreia do Sul. Por quê? A trajetória da Coreia do Sul é impressionante.

As suas exportações saltaram de 40 milhões de dólares em 1960 para 125 bilhões de dólares em 1995. Na década de 1960, a Coreia do Sul exportava tecidos, brinquedos, roupas, perucas, madeira compensada e outros produtos intensivos em trabalho, sendo os únicos que ela produzia com alguma competitividade internacional. 10 anos mais tarde, sua estrutura industrial já permitia a exportação de navios, aço, produtos eletrônicos de consumo e serviços de construção pesada. Na década de 1980, passou a produzir computadores, semicondutores, circuitos de memória, videocassetes, sistemas eletrônicos, computação, automóveis, instalações industriais e outros produtos intensivos em tecnologia. Hoje em dia, a Coreia produz bens próximos da fronteira tecnológica mais avançada, como produtos eletrônicos de multimídia, TVs de alta densidade, sistemas de comunicação especial e reatores nucleares.

A trajetória da Coreia do Sul e outros países do Sudeste Asiático é claramente orientada por um modelo de crescimento voltado para as exportações, ou seja, uma visão keynesiana, que apresentamos no capítulo 2. Porém, é importante que fique claro que estamos nos focando no elemento tecnologia como fator de competitividade internacional do país. Por isso não abordamos no tópico sobre a visão convencional e keynesiana que relacionam crescimento econômico e comércio internacional. No próximo capítulo, retornaremos ao tema para verificar as estratégias de industrialização adotadas pelos países em desenvolvimento.

Síntese

Neste capítulo, aproximamo-nos bem mais da dinâmica do mundo real em relação ao comércio internacional. Na primeira parte, vimos os efeitos dos ganhos de competitividade advindos das firmas que se concentram na mesma região, podendo oferecer produtos de melhor qualidade e mais baratos para o mercado interno e voltados para a exportação. Na segunda parte, conhecemos o efeito da mobilidade dos fatores que, ao contrário do que vimos em linhas gerais nos capítulos antecedentes, pode ocorrer no mundo real, especialmente em relação ao fator trabalho e através dos capitais financeiros e multinacionais. Na terceira, entramos em contato com a integração produtiva mundial, que é adjacente à globalização e está cada vez mais presente na concepção e nas estratégias das empresas de todos os portes. Por fim, partimos para uma perspectiva nova e, de certa forma, deixada de lado pela teoria convencional sobre a origem e a importância da tecnologia para a competitividade e o posicionamento dos países dentro da integração produtiva mundial.

Questões para revisão

1. Explique os motivos que levam as empresas a se envolverem em redes mundiais cada vez mais amplas para desenvolver, produzir e colocar no mercado os seus produtos. Dê um exemplo.

2. Argumente como o processo de aprendizado e investimento em pesquisa e desenvolvimento pode afetar a produtividade e a competitividade e posicionar melhor o país frente à integração produtiva mundial.

3. Em relação aos efeitos positivos do *cluster* sobre a competitividade das firmas, coloque (F) para as afirmativas falsas ou (V) para as verdadeiras:

(   ) Tem efeito positivo por criarem demandas para empresas especializadas se instalarem na região, fornecendo produtos e serviços mais rápido às industrias daquele local.

(   ) O vazamento de informações entre as firmas é comum e, portanto, tendem a manter a maioria em um nível de competitividade semelhante.

(   ) Os *clusters* são válidos apenas para firmas industriais.

(   ) A facilidade de encontrar trabalhadores preparados é um dos fatores positivos da aglomeração de firmas que atuam em áreas semelhantes.

(   ) No cenário internacional, uma empresa localizada em um aglomerado de firmas tende a ser mais competitivo do que uma firma isolada do mesmo ramo de atividade.

Agora, assinale a alternativa que corresponde à sequência obtida:

a) F, V, F, V, V
b) F, F, V, V, V
c) V, V, V, V, V
d) V, F, V, V, F
e) V, V, F, V, V

4. Em relação à mobilidade do fator trabalho, indique se as afirmativas a seguir são falsas (F) ou verdadeiras (V):

(   ) Um dos motivos para existirem dificuldades na movimentação do fator trabalho é a queda do salário médio que os trabalhadores dos países desenvolvidos sofreriam devido à imigração de trabalhadores de países pobres.

(   ) Se existisse livre mobilidade do fator trabalho, o salário médio de todos os países do mundo tenderia a ser semelhante ou igual.

(   ) Fatores extra econômicos como língua, cultura e qualificação influem no sucesso ou não de um imigrante em um país estrangeiro.

(   ) Os trabalhadores de baixa qualificação dos países desenvolvidos são os que mais sofrem a competição de imigrantes de países pobres por que são facilmente substituíveis

(   ) Fatores políticos e de pressões sociais dificilmente permitiriam a livre movimentação de trabalhadores entre todos os países do mundo

Agora, assinale a alternativa que corresponde à sequência obtida:

a) V, V, V, V, V
b) F, F, V, V, V
c) V, V, V, F, V
d) V, F, V, V, F
e) F, F, F, V, V

5. Sobre a mobilidade de capitais entre países, identifique se as afirmativas a seguir são falsas (F) ou verdadeiras (V):

(   ) É vantajoso para o país com excesso de poupança emprestar fundos para países com déficit, pois dão um fim ao recurso extra e obtêm a longo prazo o pagamento e retornos financeiros sobre o empréstimo.

(   ) O país que contrai empréstimos com o exterior pouco se beneficia dos recursos que entram.

(   ) A relação entre devedor e credor é benéfica para ambos os países.

(   ) A poupança externa é fundamental para determinados países conseguirem alavancar investimento fundamentais para a sua economia e estrutura produtiva.

(   ) Ser devedor internacional é potencialmente problemático devido às instabilidades globais que podem levar a estrangulamento do financiamento externo e aumento exponencial do endividamento do país.

Agora, assinale a alternativa que corresponde à sequência obtida:

a) F, V, F, V, V
b) F, F, V, V, V
c) V, V, V, V, V
d) V, F, V, V, V
e) F, F, F, V, V

Questões para reflexão

1. Reflita e busque os motivos que levam os países em desenvolvimento a aplicarem a estratégia de formação de *clusters* industriais.

2. As multinacionais são apenas de países centrais (EUA e Europa) ou países emergentes podem formar grandes empresas para competir globalmente? Será que essa é uma

estratégia de sobrevivência dessas empresas, independente da origem?

3. Argumente por que dois países pretendem integrar as suas estruturas produtivas, mesmo que possam fazer sozinhos.

4. Explique como a transferência de tecnologia entre dois países pode elevar a competitividade do que recebe. E será que isso é suficiente para colocar um país na fronteira tecnológica?

Para saber mais

PEREZ, C.; SOETE, L. Catching up in Technology: entry barriers and windows of opportunity. In: DOSI et al. (Org.). **Technical Change and Economic Theory**. London: Francis Pinter, 1988.

Esse texto aborda a propagação de tecnologia entre indústrias, enfatizando que o processo tem barreiras, mas que também oferece oportunidades de crescimento. Assim, é muito interessante para compreender o processo de difusão tecnológica.

PORTER, M. E. Clusters and the New Economics of Competition. **Harvard Business Review**, p. 76- 90, nov./dez. 1998.

Esse texto observa qual a utilizadade e quanto de competitividade um cluster *pode proporcionar hoje em dia.*

4 políticas comerciais, protecionismo e estratégias de industrialização

conteúdos do capítulo

> Elementos comuns na esfera do comércio internacional.
> A interação entre política comercial, políticas protecionistas e estratégias de industrialização.
> Explicação de como os países em desenvolvimento promoveram a sua industrialização (por exemplo, o Brasil).

após o estudo deste capítulo, você será capaz de:

1. Identificar quais são os principais instrumentos comerciais disponíveis para o governo promover a intervenção no mercado, como também reconhecer que sempre essa intervenção gera perda de bem-estar agregado, mas é justificável em busca de outros objetivos, como a defesa dos produtores nacionais.

2. Reconhecer as políticas sistemáticas de protecionismo adotadas pelos países em desenvolvimento como forma de promoverem o processo de industrialização, além de ver que essa é uma estratégia comum para os países em desenvolvimento do século XIX, e no século XX, especialmente, dos países do Sudeste Asiático e da América Latina.

Neste capítulo, vamos abordar assuntos muito próximos da realidade que estão na pauta das disputas e negociações comerciais entre países. Até este ponto, as discussões deram-se de forma implícita, e agora vamos apresentar a temática conforme aparece na realidade. O tema ao qual estamos nos referindo gira em torno das políticas comerciais e do protecionismo, que são intervenções governamentais diretas sobre o funcionamento do mercado e interferem nas relações comerciais entre os países. Mais à frente, já no fim do capítulo, retornaremos à discussão sobre as estratégias de industrialização adotadas pelos países em desenvolvimento, pois está diretamente relacionada com práticas protecionistas e a política comercial utilizada por tais países ao longo do tempo. Nesse sentido, o capítulo está organizado em duas partes.

Na primeira, vamos conhecer os instrumentos que os governos dispõem para a intervenção no mercado, como esta é feita e os resultados relacionados ao bem-estar da sociedade. Para isso, vamos primeiro apresentar os argumentos microeconômicos que dão suporte à afirmação que vimos anteriormente e que está presente na teoria convencional de que o livre mercado permite a melhor alocação de recursos e o máximo bem-estar. Logo depois, apresentaremos os instrumentos e, finalmente, uniremos tudo para verificar os efeitos sobre a sociedade. Essa análise é muito interessante para que você possa observar as motivações e os efeitos em curto prazo das políticas comerciais de proteção comercial que estão sempre em evidência nos jornais.

Na segunda parte, vamos discutir como as medidas protecionistas adotadas pelos países em desenvolvimento os auxiliaram na industrialização e no melhor posicionamento dentro da organização produtiva mundial. Para começar essa discussão, vamos ver o que Alemanha, Estados Unidos e Japão fizeram para se industrializarem no século XIX e, depois, conhecer e comparar as estratégias dos países do Sudeste Asiático e da América Latina. É claro que aqui você irá ver o efeito do protecionismo a longo prazo e como é uma estratégia deliberada de proteção das indústrias nacionais. Em parte, retomaremos a discussão sobre crescimento econômico e comércio internacional com base na visão keynesiana realizada no capítulo 3.

4.1 instrumentos de política comercial e consequências

Vamos abordar nesta parte do capítulo quais são os instrumentos de política comercial utilizados como armas para os governos intervirem no funcionamento do mercado e quais os seus efeitos e consequências disso. Primeiramente, temos que conhecer de forma mais factível o motivo de os mercados perfeitamente competitivos fornecerem a melhor alocação de recursos e o máximo bem-estar social. Logo depois, conheceremos quais são esses instrumentos comercias e os mais usados. Por fim, uniremos tudo e veremos como os principais instrumentos interagem e provocam a perda de bem-estar e as distorções na alocação ótima de recursos.

4.1.1 Mercados perfeitamente competitivos

A primeira pergunta que você deve estar se fazendo é por que não apresentamos isso no começo do livro, quando falamos que o livre mercado fornece a alocação mais eficiente de recursos e o máximo bem-estar. O motivo é simples: ainda não era hora de distorcer o funcionamento do livre mercado para um produto específico e tentar mensurar os resultados. Nesta seção, faremos isso e, portanto, torna-se necessário conhecer os motivos teóricos que levam o livre mercado a ter essas qualidades.

Primeiramente, quando usamos a expressão *livre mercado*, estamos nos referindo a uma estrutura de mercado chamada em microeconomia de *mercados perfeitamente competitivos*. Isso quer dizer que é uma estrutura de mercado teórica que segue certas características, mas que dificilmente está presente na realidade; o que existe são mercados mais próximos, ou não, dessa estrutura. O importante é que os efeitos gerais podem ser isolados dentro dessa abstração teórica e aplicados na realidade. Antes de darmos exemplos, vamos conhecer as características gerais dessa estrutura utilizando o capítulo 9 do manual de microeconomia de Pindyck e Rubinfeld (2006), básico e mundialmente utilizado nos cursos de graduação em economia. Os preceitos por trás da ideia de mercados perfeitamente competitivos são:

a) **Aceitação de preços** – os produtores não têm tamanho suficiente para influenciar individualmente o preço de mercado, sendo obrigados a trabalharem com os preços determinados pela dinâmica entre o conjunto de produtores e consumidores. Assim, se o produtor tentar vender o seu produto acima do preço de mercado, não conseguirá fazê-lo, pois os demais produtores venderão a preços de mercado que são menores que os praticados por esse produtor individual. Em outro extremo, se o produtor vender seus produtos abaixo do preço de mercado, conseguirá vender toda a sua produção, mas não maximizará a receita por poder cobrar o preço de mercado e vender toda a sua produção mesmo assim. Por exemplo, os produtores de soja podem cobrar o preço que quiserem sobre o seu produto, mas, se cobrarem acima do preço de mercado, não vão conseguir vendê-la e, abaixo, não obterão a maior receita possível.

b) **Produtos homogêneos** – os produtos oferecidos no mercado são idênticos e, portanto, não faz diferença se os produtos provêm de um ou outro produtor, pois ambos têm as mesmas características, podendo ser vendidos para qualquer consumidor ao mesmo preço na medida em que fornecem a mesma satisfação. No caso dos nossos produtores de soja, pouco importa ao comprador qual o fazendeiro que está produzindo, desde que consiga obter o produto.

c) **Livre entrada e saída** – significa que cada produtor pode abandonar ou entrar no mercado sem custos, sempre garantindo que o número de produtores seja suficiente para manter o mercado em equilíbrio. Voltando ao nosso exemplo dos produtores de soja, qualquer um pode produzir soja ou optar por outro bem agrícola como milho ou trigo. Dessa forma, o produtor pode optar em sair do mercado de soja se os preços forem baixos demais para lhe garantir lucro ou, no caso oposto, passar a produzir soja se os preços de mercado forem convidativos para obter maiores lucros.

Apresentaremos a seguir os fundamentos das curvas de oferta

e demanda. Tenha em mente que sempre o preço determina a quantidade. Vamos definir teoricamente as curvas e dar exemplos:

› **Curva de oferta** – indica a quantidade de bens que os produtores desejam fornecer ao mercado, levando em conta uma relação positiva (ou direta) entre preço e quantidade. Ou seja, quanto maior o preço, maior a quantidade ofertada, e quanto menor o preço, menor a quantidade ofertada. Quanto mais horizontal ela for, mais sensível o produtor é às variações de preço para determinar a quantidade ofertada, e, por sua vez, quanto mais vertical, menos sensível o produtor é.

› **Curva de demanda** – indica a quantidade de bens que os consumidores desejam comprar, levando em conta uma relação negativa (ou inversa) entre preço e quantidade. Assim, quanto maior o preço, menor a quantidade demandada, e quanto menor o preço, maior a quantidade adquirida. Quanto mais horizontal ela for, mais sensível o consumidor é às variações de preço para determinar a quantidade demandada, e, por sua vez, quanto mais vertical, menos sensível o consumidor é.

Ambas as curvas são desenhadas em um gráfico, em que o eixo horizontal representa a quantidade, e o eixo vertical, o preço. Dadas as características que vimos, é fácil deduzir que a curva de demanda agregada é positivamente inclinada, e a de oferta é negativamente inclinada. Também é fácil deduzir que o ponto de equilíbrio de mercado se dá quando ambas as curvas se cruzam, determinando o preço e a quantidade de equilíbrios, sendo toda a oferta de bens absorvida pela demanda.

Gráfico 4.1 – Oferta e demanda

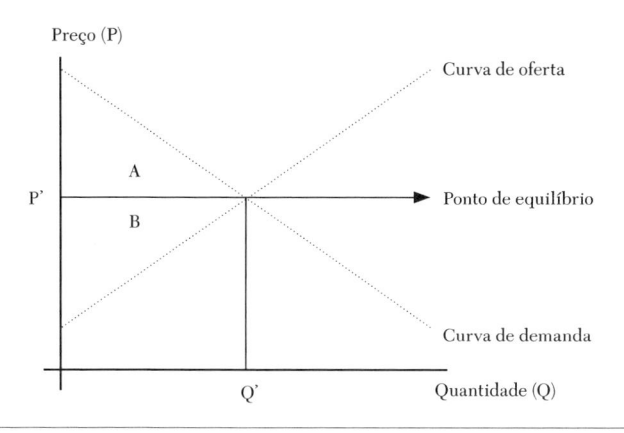

```
Preço (P)
              Curva de oferta
       A
P'            → Ponto de equilíbrio
       B
              Curva de demanda
       Q'     Quantidade (Q)
```

Para compreender o motivo de o mercado perfeito fornecer o maior bem-estar agregado à sociedade, é preciso conhecer os conceitos de excedente do produtor e de excedente do consumidor. O excedente do produto é a área entre a curva de oferta e linha do preço (área B). O excedente do consumidor é a área entre a curva de demanda e a linha de preço (área A). Dessa forma, quando somamos essas duas áreas, temos a quantidade máxima de bem-estar, e qualquer intervenção no mercado irá reduzi-lo. A perda de bem-estar é chamada de *peso morto*. Percebeu? O peso morto é gerado pela intervenção do governo no mercado por meio das políticas comerciais. Então, por que fazê-lo? Porque o governo está em busca de outros objetivos que não o máximo bem-estar da sociedade.

4.1.2 Instrumentos da política comercial

Vamos conhecer os principais instrumentos de política comercial que os governos dispõem para intervir no mercado em busca de algum objetivo como, por exemplo, proteger os produtores locais da competição estrangeira ou incentivar a exportação. Para isso, vamos utilizar como base o capítulo 8 do manual de economia internacional de Krugman e Obstfeld (2005). Para começar, vamos apresentar as barreiras tarifárias e, depois, as não tarifárias.

Barreiras tarifárias

As barreiras tarifárias abrangem todas as medidas protecionistas que fazem uso de impostos sobre produtos importados para evitar a competição, pois eleva os preços dos bens estrangeiros em relação aos bens equivalentes nacionais. Nesse contexto, podemos considerar os subsídios aos produtores nacionais como uma das manifestações de barreiras tarifárias na medida em que isso deixa os produtos nacionais mais baratos em relação aos estrangeiros, dificultando a venda de bens de produtores externos no mercado nacional, além de haver imposto específico cobrado desses produtores.

Como exemplos de barreiras tarifárias, podemos citar o imposto que a Receita Federal brasileira cobra sobre a compra de carros fabricados no exterior. Esse tipo de cobrança leva as montadoras localizadas no exterior a terem dificuldades em oferecer seus carros a preços compatíveis aos cobrados nos seus países de origem, como também em competir com os carros equivalentes produzidos no Brasil. Por isso você não vai conseguir importar um carro novo do exterior a preços finais convidativos, pois, mesmo que o preço pago na concessionária no estrangeiro seja bem mais baixo, é preciso considerar os impostos de importação, que não são nada desprezíveis.

As barreiras tarifárias são subdivididas em dois grupos:

> **Tarifas específicas** – são impostos fixos cobrados sobre cada unidade de produto importado. Por exemplo, na importação de uma tonelada de trigo, o imposto será o mesmo independente do valor de mercado ou de importação do produto discriminado na nota fiscal.

> **Tarifas *ad valores*** – consistem em impostos cobrados sobre o valor das mercadorias discriminadas na nota fiscal. Por exemplo, na importação de uma tonelada de trigo, o imposto será cobrado pelo valor da mercadoria e não pela quantidade. Essa modalidade de barreira tarifária é a mais utilizada pelos países, pois é relativamente fácil de ser cobrada. Além disso, quando o preço da mercadoria aumenta, a arrecadação também sobe, pois o imposto é calculado sobre o valor e não sobre a quantidade.

Outra forma de barreira tarifária é o subsídio à exportação, que, em termos práticos, tem o mesmo efeito que um imposto ao contrário, ou seja, o governo paga para os produtores reduzirem os preços de seus produtos oferecidos ao mercado. Isso pode ocorrer de duas formas, seguindo lógicas muitos semelhantes às aplicadas às tarifas:

> **Subsídio específico** – é pago um incentivo por quantidade fixa de produto. Por exemplo, os produtores de carro podem receber um valor específico por cada carro que exportam, independente do valor do carro.

> **Subsídio *ad valorem*** – é pago um incentivo pelo valor

sobre o total dos produtos exportados. Por exemplo, os produtores de carros passam a receber uma ajuda tomando como base de cálculo o valor de cada veículo discriminado na nota fiscal de exportação.

Barreiras não tarifárias

As barreiras não tarifárias são todas as proteções que não estão incluídas dentro das barreiras tarifárias. São as mais utilizadas, na medida em que é muito difícil provar que existem. É melhor esclarecer, porque essa definição é bem abrangente. Imagine um processo de importação de caminhões novos dos Estados Unidos para o Brasil. Quais podem ser as barreiras não tarifárias que a transação enfrentará? A primeira é que o veículo feito nos Estados Unidos não segue as mesmas especificações técnicas exigidas pela lei brasileira: apesar de parecidas, não são adequadas. Dessa forma, as autoridades brasileiras podem proibir a sua circulação até que o caminhão seja adaptado, onerando o produto. A segunda é que as especificações técnicas de operação do caminhão são diferentes das usadas no Brasil, exigindo que o importador arque com o ônus de adaptação. Por fim, o importador ainda precisa lidar com a burocracia, sendo que pode demorar meses ou anos para que os tramites legais sejam efetivados. Enfim, o resultado é que comprar um caminhão fabricado no Brasil gera menos dores de cabeça do que importar um semelhante dos Estados Unidos, mesmo que os preços aparentemente sejam parecidos. Assim, sem nenhuma tarifa de importação, a indústria de caminhões localizada no Brasil foi defendida da concorrência estrangeira.

As barreiras não tarifárias são bem mais heterogêneas do que as tarifárias. Portanto, vamos explorar as mais evidentes:

› **Cotas de importação** – consiste em limitar a quantidade de bens importados que podem entrar no país. O seu mecanismo consiste na lógica de reduzir a quantidade de bens importados, resultando na menor quantidade total ofertada e, assim, elevando os preços internos para equilibrar a oferta e demanda. De outro lado, isso resulta em maior incentivo aos produtores nacionais para ofertarem mais bens no mercado interno devido ao maior preço.

› **Restrições voluntárias a exportação** – consiste na solicitação do país importador para que a nação exportadora restrinja voluntariamente a quantidade exportada de determinado produto. Isso normalmente ocorre quando o país importador sabe que não tem condições de competir com o produto importado, mas, dentro de uma política de bom relacionamento comercial envolvendo uma gama muito maior de interesses e produtos, solicita e é atendido pelo país exportador em relação à limitação de suas importações.

› **Créditos à exportação** – o comprador localizado no país importador recebe empréstimos do país exportador para viabilizar o financiamento que resultará na compra. É um procedimento muito comum para as compras militares de grande monta e de produtos de alto valor agregado entre países, em que o vendedor viabiliza empréstimos em condições vantajosas para o importador adquirir o seu bem.

› **Necessidade de conteúdo local** – há a exigência de que os bens produzidos no país levem consigo certa porcentagem de componentes nacionais, seja como percentual do valor ou da quantidade, para ser agraciado com a possibilidade de participar de licitações governamentais ou de financiamentos com juros subsidiados. Por exemplo, no Brasil, o BNDES exige um percentual mínimo de componentes nacionais para considerar o produto nacional e liberar financiamento através de suas linhas de crédito subsidiadas. Dessa forma, no caso dos caminhões, apenas aqueles que cumprem a porcentagem mínima exigida de componentes feitos em território nacional podem receber financiamento pelo BNDES, levando a perdas competitivas com os modelos equivalentes de baixo grau de nacionalização.

› **Barreiras burocráticas** – países podem utilizar a burocracia para barrar a entrada de bens estrangeiros. Por exemplo, o governo pode determinar que a importação de determinado bem possa ser feita apenas por determinado porto, devendo posteriormente sofrer inspeção técnica pelas autoridades e, por fim, ter a autorização de um departamento de um ministério na capital do país. Nesse trâmite, é necessário que o importador apresente dezenas de certificados, autorizações, documentos diversos e assinaturas das mais diferentes pessoas. O resultado é que, mesmo que não haja oficialmente nenhuma restrição à importação, fazê-la é praticamente impossível, acabando por ser mais vantajoso adquirir o produto nacional.

› **Aquisição nacional** – em muitos países, é comum a legislação permitir ou exigir que em licitações públicas seja dada prioridade aos bens nacionais se forem equivalentes aos produtos importados oferecidos, mesmo que seja a preços mais altos que os importados. Essa situação é frequente nas compras militares, não apenas de alta tecnologia, valor e complexidade, mas também em compras simples, como uniformes e canetas.

4.1.3 Políticas comercias, intervenção governamental e efeitos sobre o mercado

Chegou a hora de unirmos as variações do bem-estar da sociedade, tendo como base o mercado perfeito, que fornece o mais alto nível de bem-estar agregado, e as intervenções governamentais. Como já vimos, qualquer intervenção no mercado perfeitamente competitivo gera redução no bem-estar agregado da sociedade, mas nem sempre o bem-estar máximo é o objetivo do governo, pois a proteção de certos grupos e indústrias pode ser considerada mais importante. Entre os motivos para a intervenção, podemos citar o *lobby* de grupos nacionais que querem se proteger da concorrência estrangeira e garantir seus ganhos, o julgamento de que setores da economia devem ser protegidos para preservar empregos e por serem importantes para prover a segurança e o crescimento futuro do país. Enfim, a variedade de justificativas para a intervenção estatal no mercado é muito rica e você deve ter ouvido várias ao longo de sua vida. Para focar a nossa análise, vamos nos concentrar nos efeitos sobre o bem-estar das barreiras tarifárias e não tarifárias. Em ambos os casos, vamos considerar como exemplo o produto agrícola trigo que está relativamente próximo à estrutura de mercado perfeito. Além do mais, o Brasil é um importador de trigo e possui produtores nacionais que não conseguem suprir a demanda nacional por causa dos preços oferecidos no mercado internacional.

Barreiras tarifárias e efeitos sobre o bem-estar

Inicialmente, vamos supor que a oferta e demanda por trigo no Brasil sejam dadas pelo Gráfico 4.2. Nele, notamos que, se não existisse trigo importado, o ponto de equilíbrio seria em uma quantidade baixa (Q') e a preços altos (P'). Como existe mercado externo e é possível importar trigo aos preços mundiais (P), parte da demanda pode ser suprida por esse produto. No caso extremo de total liberalização, os consumidores nacionais pagariam o mesmo preço praticado no mercado internacional, levando ao aumento das importações de trigo e à redução acentuada da contribuição dos produtores nacionais que são menos eficientes.

Gráfico 4.2 – Oferta e demanda por trigo

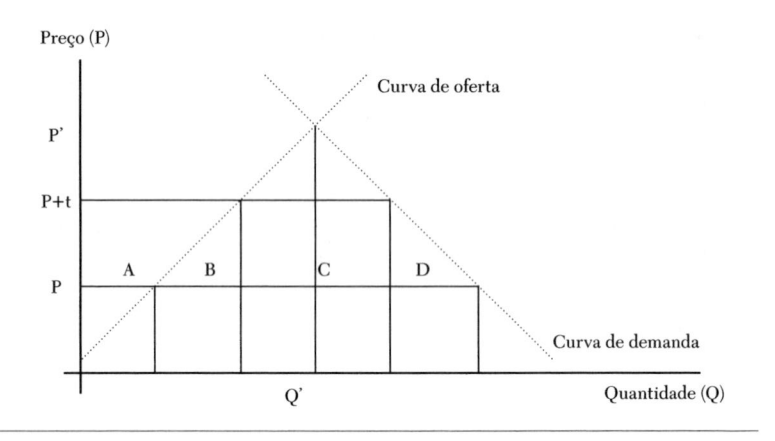

Com o advento de uma tarifa (t) que é somada aos preços mundiais (P), os consumidores desse país passam a pagar mais pela quantidade de trigo, levando à redução da quantidade demandada, e, por sua vez, os produtores nacionais são incentivados a produzir e ofertar mais trigo no mercado doméstico. Outro aspecto é que o governo obtém a receita derivada da quantidade importada, que constitui a diferença entre a quantidade demandada e ofertada. Em termos de bem-estar, o consumidor perde as áreas A, B, C e D, ou seja, uma área grande de seu excedente é perdida devido à introdução de uma tarifa sobre as importações de trigo. Por outro lado, o produtor ganha a área A, sem perder nada. Assim, a perda agregada de bem-estar é formada pelas áreas B, C e D.

Barreiras não tarifárias e efeitos sobre o bem-estar

As cotas de importação consistem em limitar a quantidade de produto que pode entrar no país. Em termos práticos, os efeitos sobre o bem-estar são os mesmos da tarifação, mas, em vez de atuar sobre o preço do bem importado, o foco é a quantidade do produto que pode entrar no país. No fim das contas, o preço do produto será elevado internamente, os produtores são incentivados a produzir mais e os consumidores, a consumir menos. Em termos genéricos, essa lógica pode ser facilmente aplicada para todas as barreiras não tarifárias que dificultam a entrada de bens estrangeiros no país. Assim, os efeitos de barreira podem ser descritos, mas sem existir receita do governo porque este não está cobrando nenhum imposto a mais sobre o produto importado.

4.2 políticas pró-industrialização

Na maioria dos livros de economia internacional, a ênfase é dada na visão convencional a respeito do funcionamento de mercado, variação de bem-estar e organização produtiva.

Entretanto, a partir deste ponto, vamos conhecer uma visão alternativa, mas importante, sobre a inserção dos países em desenvolvimento na estrutura produtiva mundial, o que lembra aquelas políticas keynesianas de interligação entre comércio internacional e crescimento econômico vistas no capítulo 3.

A visão estilizada da ortodoxia é que os países produtores de bens agrícolas ficariam em melhor situação se assumissem o papel de exportadores de bens agrícolas e compradores de bens industriais. Por outro lado, os industrializados iriam se especializar na produção desses bens e exportá-los, adquirindo bens agrícolas. Dessa forma, todos produziriam mais e a alocação de recursos seria ótima, proporcionando maior nível de bem-estar. O problema é que o país que não detém uma indústria desenvolvida não tem voz no cenário mundial, fica suscetível a instabilidades na medida em que seus bens têm um mercado limitado e os bens industriais são cada vez mais sofisticados e caros. O resultado é que os países agrícolas ficam cada vez mais distantes dos industrializados. Desse modo, se preferirmos, podemos utilizar as denominações respectivas de *em desenvolvimento* e *desenvolvidos*.

No fundo, isso que descrevemos é o cerne da lógica cepalina* da deterioração dos termos de troca e, assim, justifica a necessidade de intervenção estatal para proteger e incentivar a indústria nacional. Porém, o pensamento sobre

---

*   A Comissão Econômica para a América Latina e o Caribe (Cepal) foi criada em 1948 pelo Conselho Econômico e Social das Nações Unidas. Seu objetivo era incentivar a cooperação econômica entre os seus membros, sendo uma das entidades que sintetizou o pensamento de desenvolvimento defendido para a América Latina, cujo membro mais famoso é o brasileiro Celso Furtado. Uma das suas principais proposições era a defesa de políticas protecionistas e a substituição de importações para incentivar a industrialização dos países latino-americanos.

a necessidade de incentivar a industrialização remonta ao século XIX, quando os países em desenvolvimento da época começaram a se industrializar.

4.2.1 Experiência dos países em desenvolvimento

Antes de conhecermos as estratégias de industrialização que os países em desenvolvimento adotaram no século XX, sobretudo asiáticos e latino-americanos, vamos conhecer a história de três países que se industrializaram no século XIX e despontaram como potências globais no começo do século XX. Segundo Chang (2004), os três adotaram políticas protecionistas e de incentivo à indústria nascente. São eles: Alemanha, Estados Unidos e Japão, que até idos do século XIX eram considerados países subdesenvolvidos.

› **Alemanha**: já na primeira metade do século XIX, mesmo antes da unificação política*, começava a ganhar força o pensamento de que não era benéfico para o país se inserir na estrutura produtiva mundial como mero produtor agrícola, pois significava a subserviência aos países industrializados. Nessa lógica, a indústria era vista como um dos instrumentos de poder do país e, portanto, peça fundamental para criar uma nação forte. Entre os pensadores alemães que seguem essa linha, podemos citar List (1789-1846), que defendia que era necessário proteger a indústria alemã nascente da competição de países com indústrias mais desenvolvidas e que o livre-comércio só seria possível quando a indústria

---

* A Alemanha e a Itália estão entre os últimos países da Europa a se tornarem Estados nacionais. Só fizeram isso no final do século XIX, após um longo processo político de lutas pela unificação. Quando se tornaram nações, ganharam um impulso maior no sentido de logo se transformarem em países desenvolvidos.

nacional estivesse no mesmo nível dos países mais avançados. Ou seja, List defendia abertamente a necessidade de medidas de proteção da indústria alemã, o que realmente aconteceu e alçou a Alemanha à posição de maior potência industrial da Europa no começo do século XX.

> **Estados Unidos**: após a guerra civil norte-americana (1861-1865), a visão do norte industrializado, com necessidade da defesa da indústria nacional e integração do mercado interno, passou a prevalecer. Paulatinamente, os norte-americanos se voltaram para si mesmos, iniciando a colonização em direção ao oeste de seu território, criando um enorme mercado interno privativo para as suas indústrias e, ao mesmo tempo, sendo um grande exportador agrícola. Do exterior, importavam os capitais necessários para construir a infraestrutura para a expansão econômica, relegando a um segundo plano os bens industrializados importados com enormes tarifas.

> **Japão**: em meados do século XIX, foi forçado a se abrir para o Ocidente, mas viu na industrialização uma forma de manter o país forte frente às potências ocidentais. Introduziu as políticas pró-industrialização sob o manto de organização social e hierárquica tradicional, resultando em políticas de industrialização muito agressivas que, em poucas décadas, foram capazes de transformar o país em uma potência respeitada pelos ocidentais no começo do século XX. Na eclosão da Segunda Guerra Mundial (1939-1945), tornou-se capaz de tentar fazer frente aos Estados Unidos na região do Pacífico.

4.2.2 Experiências dos países do Sudeste Asiático e da América Latina

Entre países em desenvolvimento que se aventuraram na estratégia de pró-industrialização no século XX, visando a um sucesso parecido com o da Alemanha, dos Estados Unidos e do Japão, podemos destacar de duas regiões: Ásia e América Latina. Em ambas, os objetivos eram semelhantes, mas as estratégias foram relativamente diferentes, levando a tipos de inserção na economia mundial com características também diferentes. Vamos estudar as características gerais de cada uma dessas regiões.

Segundo Lall (2005), os países da Ásia, especificamente os de industrialização recente da região (os "Tigres"), adotaram um processo de industrialização orientado pelas exportações, mas sendo avesso a investimentos produtivos de companhias multinacionais estrangeiras. Dessa forma, as exportações se baseavam em bens intensivos no fator abundante, o trabalho, com tecnologia simples, incentivando a criação de grupos nacionais sempre maiores e capazes de atuarem em ramos intensivos em capital e tecnologia. Porém, sempre observaram os grupos, pois era necessário competir globalmente e conquistar os mercados cativos de empresas tradicionais dos Estados Unidos e da Europa. Desse processo, surgiram grandes empresas multinacionais na região, que passaram de produtores de bens primários e de pouco valor agregado para gigantes da indústria pesada e eletrônica. Como exemplo, citamos as coreanas Samsung e LG.

Em parte, esse processo é explicado por Nelson e Pack (1996) por meio de três fatores. O primeiro é a abertura do país ao conhecimento estrangeiro e a capacidade e disposição de vincular-se aos mercados internacionais de tecnologia. O segundo são as pressões exercidas pelas empresas para que elevem a produtividade, criando demanda por tecnologia estrangeira e a busca das firmas por se manterem industrializadas, elevando a produtividade devido à busca da assimilação de tecnologias estrangeiras e desenvolvendo tecnologia nacional. Por fim, há a busca pela criação de grandes grupos nacionais com capacidade de competir globalmente, desenvolver tecnologia e entrar nos ramos nobres da indústria (por exemplo, eletrônica e automotiva). Nesse cenário, também podemos citar a criação de um ambiente favorável à industrialização competitiva, mesmo que tenha aspectos artificiais e frágeis como, por exemplo, o sistema financeiro e político.

Para Lall (2005), os países latino-americanos tinham um problema cultural quanto à dificuldade em aceitar o conhecimento estrangeiro para auxiliar na sua industrialização. Prevaleceu o pensamento de que era necessário produzir tecnologia própria desvinculada do resto do mundo, o que gera problemas na medida em que a tecnologia mundial tende a avançar mais rápido que a capacidade de um país construir a sua tecnologia sozinho, tendo como resultado o aumento do *gap* tecnológico em vez de sua diminuição. Outro ponto observado é a simpatia dos latino-americanos em relação a investimentos produtivos estrangeiros para elevar a sua capacidade industrial. Por um lado, ocorre a proteção do mercado doméstico da concorrência estrangeira e, por outro, a estrutura produtiva é construída, tendo como foco o mercado interno. Essa dicotomia leva à falta de incentivos às empresas nacionais em serem competitivas globalmente, e às multinacionais em trazerem produtos e processos de ponta para o país.

As características desse processo de industrialização são: (i) dificuldade em criar grandes grupos nacionais que atuem nos ramos nobres da indústria e desenvolvam tecnologia própria, sendo capazes de competir globalmente; (ii) a escassez de produtos de alto valor agregado e tecnologia na pauta de exportações, pois o *gap* tecnológico herdado desse processo ainda é acentuado; e (iii) dificuldade crônica de inovar e produzir novos bens e serviços próximos à fronteira tecnológica, necessitando da compra de "pacotes prontos" para tentar se manter competitivo.

Síntese

Neste capítulo, vimos dois aspectos importantes relacionados às políticas comerciais e protecionistas. Na primeira parte, conhecemos os efeitos da intervenção estatal sobre o funcionamento do livre mercado e consequências sobre o bem-estar agregado. De um lado, conhecemos a justificativa do argumento de que o livre mercado fornece o máximo bem-estar à sociedade e melhor alocação de recursos; de outro, conhecemos os principais instrumentos da política comercial disponível para o governo intervir no livre mercado. Por fim, unimos esses dois elementos e verificamos que a intervenção governamental sempre gera redução no bem-estar agregado quando comparado ao livre mercado, mas nem sempre o governo tem como objetivo principal o máximo bem-estar agregado, pois ele pode pretender proteger certo grupo pelos mais variados motivos. Na segunda parte, conhecemos quais os principais países que adotaram políticas protecionistas sistemáticas a fim de promover a sua industrialização, enfatizando as diferenças de estratégia entre os países do Sudeste Asiático e da América Latina.

Questões para revisão

1. Quais são os pressupostos do mercado perfeitamente competitivo? Exemplifique.

2. Quais e como são as duas classes de barreiras comerciais que fazem parte dos instrumentos de intervenção governamental no mercado?

3. Suponha que o governo estabelece uma tarifa *ad valorem* sobre a importação de determinado bem. Julgue as afirmativas a seguir como falsas (F) ou verdadeiras (V):
(   ) Ocorre aumento do bem-estar agregado da sociedade.
(   ) Os bens importados chegam mais caros à sociedade.
(   ) O preço do bem dentro do país sobe e os produtores domésticos são incentivados a produzir mais.
(   ) O governo obtém alguma arrecadação devido à tarifa.
(   ) A implantação de cotas de importação teria efeito semelhante sobre o bem-estar da sociedade.
Agora, assinale a alternativa que corresponde à sequência obtida:
a) F, V, V, V, V
b) F, V, V, V, V
c) V, V, V, V, V

d) V, F, V, V, F
e) F, F, F, V, V

4. Suponha que o governo imponha uma cota de importação sobre determinado bem. Julgue as afirmativas a seguir em falsas (F) ou verdadeiras (V):
(   ) Os efeitos sobre o bem-estar da sociedade são semelhantes ao da imposição de uma tarifa.
(   ) O governo não obtém recursos devido à imposição de cotas.
(   ) O preço do bem no mercado interno não aumenta.
(   ) O preço do bem no mercado interno aumenta devido à menor oferta oriunda da importação.
(   ) Os produtores internos são incentivados a produzir mais devido ao aumento dos preços no mercado interno.
Agora, assinale a alternativa que corresponde à sequência obtida:
a) F, V, F, V, V
b) F, F, V, V, V
c) V, V, V, V, V
d) V, F, V, V, F
e) V, V, F, V, V

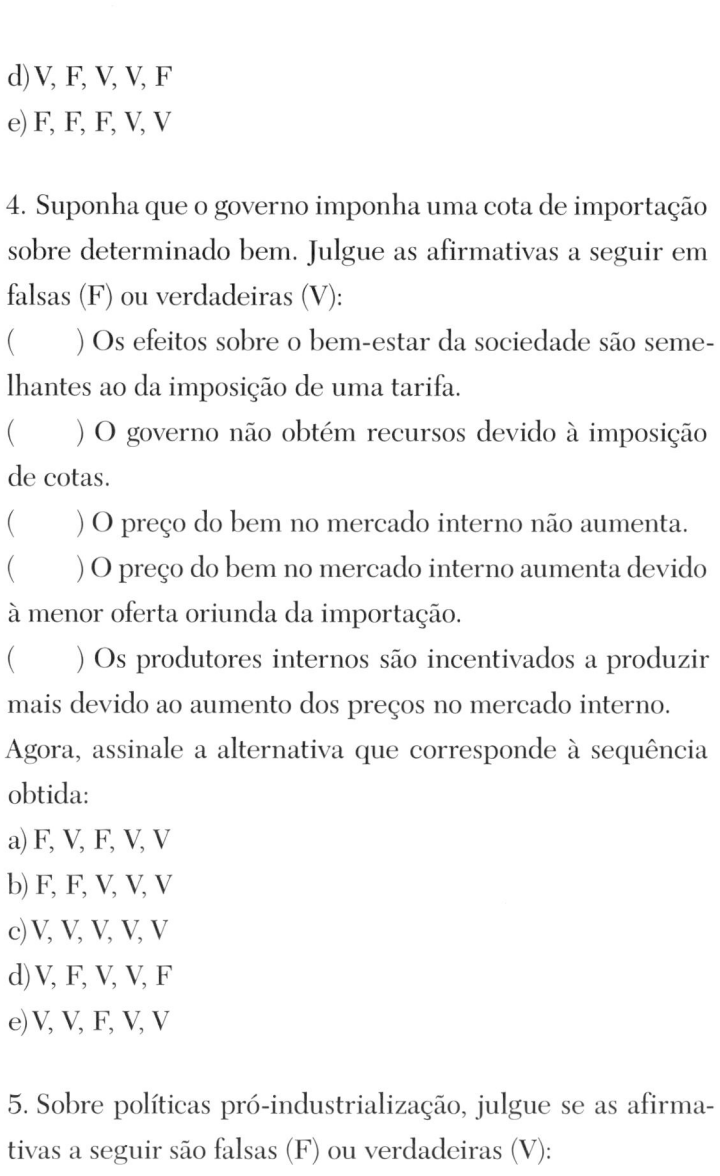

5. Sobre políticas pró-industrialização, julgue se as afirmativas a seguir são falsas (F) ou verdadeiras (V):
(   ) A visão ortodoxa julga que as políticas de intervenção no mercado geram ineficiências e perdas de bem-estar. Portanto, devem ser evitadas.
(   ) Os defensores das políticas industrializantes argumentam que a indústria é essencial para o país se desenvolver.

(   ) A deterioração dos termos de troca está implícita nas ideias cepalinas e no argumento para a proteção da indústria nascente.

(   ) Os países, desenvolvidos hoje, Alemanha, Japão e Estados Unidos sempre foram adeptos do livre-comércio.

(   ) Os países do Sudeste Asiático e da America Latina praticaram políticas deliberadas pró-industrialização ao longo do século XX.

Agora, assinale a alternativa que corresponde à sequência obtida:

a) F, V, F, V, V
b) F, F, V, V, V
c) V, V, V, F, V
d) V, F, V, V, F
e) F, F, F, V, V

Questões para reflexão

1. Quais são os motivos de ser tão difícil identificar o subsídio a práticas comerciais de países em prol de certas empresas terem beneficio em entrar em certos mercados.

2. Quais são os motivos que vão além do bem-estar para o governo subsidiar, por exemplo, trigo para as regiões Norte e Nordeste.

Para saber mais

BELL, M.; PAVITT, K. Technological Accumulation and Industrial Growth: contrast between developed and developing countries. **Industrial and Corporate Change**, Oxford, v. 2, n. 2, p. 157-210, 1993.

Esse texto contrasta a acumulação de tecnologia com o crescimento industrial, contrapondo os países em desenvolvimento com os desenvolvidos.

KATZ, J. M. (Org.). **Technology, Generation in Latin American Manufacturing Industries**. Londres: Mcmillan, 1987.

O livro apresenta a relação entre tecnologia e desenvolvimento da indústria latino-americana. É altamente recomendável para você ter uma perspectiva interessante sobre o processo de industrialização dos países da América Latina.

5

Organização Mundial do Comércio (OMC), acordos comerciais e blocos econômicos

conteúdos do capítulo

› A OMC, órgão que promove as negociações internacionais em nome da liberalização comercial.
› Blocos econômicos.
› Ênfase em três blocos econômicos que interessam muito aos brasileiros: Nafta, União Europeia e Mercosul.

após o estudo deste capítulo, você será capaz de:

1. Compreender os motivos da existência e sustentação da OMC.

2. Saber o que são blocos econômicos e quais são os seus conceitos fundamentais.

3. Conhecer as diferenças principais entre o Nafta, União Europeia e Mercosul.

Finalmente, chegamos ao último capítulo sobre comércio internacional deste livro. Agora é interessante você conhecer a entidade internacional que administra os conflitos comerciais entre países, a OMC, e visa evitar que pequenas disputas comerciais virem guerras abertas e minem os acordos pró-liberalização comercial. Esse é o tema da primeira parte do capítulo. Na segunda parte, vamos conhecer quais são as motivações e como funcionam os blocos econômicos, com ênfase ao Nafta, à UE e ao Mercosul.

5.1 OMC e acordos pró-liberalização comercial

A OMC é um órgão multilateral criado na esfera da Organização das Nações Unidas (ONU), que, em termos gerais, busca administrar os conflitos comerciais entre os países-membros, especialmente buscando coibir práticas desleais como *dumping* e negociar a liberalização comercial. Para discutirmos mais profundamente sobre a OMC, vamos estudar a instituição predecessora, o General Agreement on Tariffs and Trade (GATT), criada em 1947 e vigente até 1994.

O GATT foi criado em 1947, como parte da estratégia dos países vencedores da Segunda Guerra Mundial (1939-1945) para promover a integração comercial e reduzir os conflitos e protecionismos entre os países-membros. Em parte, o GATT tinha a missão de evitar a desintegração econômica que ocorreu na década de 1930, quando o mundo estava mergulhado na Grande Depressão e as medidas protecionistas e de defesa da indústria nacional passaram a ser praxe dentro da sua estratégia de superação, redundando no rompimento das amarras comerciais que aglutinavam o mundo capitalista.

Isso permitiu a criação de impérios autárquicos que não teriam tanto pudor em entrar em conflitos entre si, criando um cenário favorável à Segunda Guerra Mundial. Nesse contexto, também foram criadas as instituições multilaterais Fundo Monetário Internacional (FMI) e Banco Mundial (BM), as quais vamos estudar no capítulo 7, pois dizem mais respeito às finanças internacionais do que ao comércio.

O GATT foi o primeiro acordo sistemático e multilateral visando à liberalização e à integração comercial em nível mundial. Começou a vigorar oficialmente em 01 de janeiro de 1948, sendo assinado inicialmente por 23 países: Austrália, Bélgica, Brasil, Birmânia, Canadá, Ceilão, Chile, China, Cuba, Checoslováquia, França, Índia, Líbano, Luxemburgo, Holanda, Nova Zelândia, Noruega, Paquistão, Rodésia, África do Sul, Grã-Bretanha e Estados Unidos. Acompanhado desse acordo, ocorreu a queda das barreiras comerciais dos Estados Unidos, a maior economia do mundo, que assumiu a posição de locomotiva do consumo mundial, transformando-se no principal mercado mundial de exportação dos demais países do GATT.

O Ministério do Desenvolvimento, Indústria e Comércio (Brasil, 2009b) diz que a OMC é o principal órgão da regulação do comércio mundial, criado no final da Rodada Uruguai. Ainda que essa organização não seja imune às pressões advindas dos principais atores internacionais, sua existência é de vital importância para países como o Brasil, que dependem de um sistema de normas para defender seus interesses. Os países em desenvolvimento são hoje a grande maioria dos membros da OMC e só cabe a eles fazer valer os seus interesses, já que as decisões na organização são tomadas por consenso. Para a vigilância do cumprimento das normas contidas nos vários acordos que regem o sistema multilateral de comércio, a OMC conta com um poderoso instrumento, que é o Entendimento para Solução de Controvérsias. O Brasil mesmo já obteve várias vitórias no Órgão de Solução de Controvérsias da OMC, como no caso do painel da gasolina, contra os Estados Unidos, e os mais recentes painéis do açúcar contra a Comunidade Europeia e do algodão.

A importância dada pelo MDIC à OMC não é aleatória, pois se trata de um órgão multilateral que permite a países como o Brasil reclamar e exigir sanções com outros que estejam praticando atos desleais junto ao comércio internacional. Assim como o próprio MDIC diz, não é incomum o Brasil e outros países vencerem questões sobre outros membros considerados *a priori* mais fortes, como os Estados Unidos e a Comunidade Europeia. É claro que a vitória em uma questão específica ligada a algum produto não gera conflitos globais, no máximo a OMC permite ao país que foi prejudicado retaliar em algum outro produto importante para com a nação que está praticando atos considerados desleais. Dessa forma, a resolução dos conflitos ganha um caráter controlado e não descamba para um conflito generalizado, podendo resultar em uma situação semelhante a da década de 1930. A OMC é tão importante que reuniu cerca de 150 países-membros em 2007, abrangendo a maioria das nações relevantes para a economia mundial, e outros, como China e Rússia, manifestam interesses em participar da instituição.

No âmbito da OMC, e antes no GATT, segundo o art. XXVIIII do GATT, os países membros podem decidir se engajar em rodadas de negociação visando à diminuição das tarifas de importação e a abertura dos mercados. Na época do GATT, foram realizadas oito rodadas de negociação, e com a OMC foi lançada a Rodada Doha, com o objetivo de ser a Rodada do Desenvolvimento, beneficiando principalmente os interesses dos países em desenvolvimento. O resumo das rodadas de negociações pode ser verificado no quaro a seguir:

Quadro 5.1 – Rodadas de negociações no âmbito do GATT e da OMC

Rodada	Período	Países participantes	Temas cobertos
Genebra	1947	23	Tarifas
Annecy	1949	13	Tarifas
Torquay	1950 - 1951	38	Tarifas
Genebra	1955 - 1956	26	Tarifas
Dillon	1960 -1961	26	Tarifas
Kennedy	1964 - 1967	62	Tarifas e antidumping.
Tóquio	1973 - 1979	102	Tarifas, medidas não tarifárias, cláusula de habilitação.
Uruguai	1986 - 1993	123	Tarifas, agricultura, serviços, propriedade intelectual, medidas de investimento, novo marco jurídico, OMC.
Doha	2001 - ?	149	Tarifas, agricultura, serviços, facilitação de comércio, solução de controvérsias, "regras".

Fonte: Brasil, 2009b.

A Rodada de Doha é a que anda em voga nos últimos tempos porque é a mais recente. Você já deve ter ouvido muito esse nome na grande mídia e relances sobre a direção das negociações. De acordo com o MDIC (Brasil, 2009b), foi realizada em Doha, Qatar, no período de 9 a 14 de novembro de 2001, a IV Conferência Ministerial da OMC, em que os ministros responsáveis pelo comércio, depois de seis dias de intensas negociações, acordaram o lançamento de uma nova rodada de negociações multilaterais. A nova rodada, a princípio, deveria ser encerrada em três anos, tendo a supervisão do Comitê de Negociações Comerciais subordinado ao Conselho Geral da OMC. Porém, essa rodada está travada devido à natureza ambiciosa dos temas tratados, especialmente a liberalização dos mercados agrícolas europeus e a abertura dos setores industriais e de serviços dos países em desenvolvimento.

Essa agenda é ambiciosa na medida em que supera a cobertura de temas da Rodada Uruguai, tida como a mais complexa negociação da história do GATT. Essas negociações serão realizadas seguindo o princípio do compromisso único (*single undertaking*) e deverão levar em conta o princípio de tratamento especial e diferenciado para países em desenvolvimento e países menos desenvolvidos incorporados na Parte IV do GATT 1994, na decisão de 28 de novembro de 1979 sobre tratamento mais favorável e diferenciado, reciprocidade e plena participação de países em desenvolvimento, na decisão da Rodada Uruguai sobre medidas em favor de países menos desenvolvidos e em outras disposições relevantes da OMC. Em resumo, saíram de Doha os seguintes documentos: (i) uma Declaração Ministerial, lançando uma nova rodada multilateral e estabelecendo um programa de trabalho; (ii) uma Declaração de TRIPS e acesso a medicamentos e saúde pública; e (iii) uma Decisão sobre Questões de Implementação.

5.2 blocos econômicos

Agora que conhecemos a entidade que realiza as negociações comerciais e administra conflitos globais, a OMC, vamos direcionar os nossos esforços para a compreensão do que são blocos econômicos ou comerciais em relação à liberalização comercial. Afinal, o que são? São grupos de países que buscam, por acordos mútuos entre os membros, a maior integração econômica, frequentemente da mesma região ou geograficamente muito próximos. A vantagem desse tipo de acordo é que ele envolve um número menor de países contando com interesses complementares, tornando mais fácil costurar os acordos. Ele também evita entrave em negociações gerais como a Rodada de Doha, que vimos no começo do capítulo, em que os interesses e conflitos são tão grandes que fica difícil avançar. Portanto, vamos primeiro estudar a motivação e o que são os blocos econômicos, depois, voltar a nossa atenção para o Nafta, a UE e o Mercosul.

5.2.1 Formação e consequências

A formatação dos blocos econômicos podem ser enquadrada nas duas formas a seguir:
> **Áreas de livre-comércio**: consiste na autorização de bens de cada país participante do acordo para que sejam trocados, contanto que estejam discriminados no acordo livremente. Devem ser fixadas tarifas diferentes segundo os seus interesses com os demais países. Esse é o caso do Nafta, formado por México, Canadá e Estados Unidos. Por exemplo,

os Estados Unidos podem cobrar do resto do mundo certa tarifa sobre os carros importados, mas ser diferente das políticas tarifárias adotadas por México e Canadá. O resultado é que cada país individualmente mantém uma boa margem para negociar as tarifas em relação a produtos importados do resto do mundo, não necessitando pedir a autorização dos demais ou fazer parte de uma ação conjunta.

› **União aduaneira**: segue uma lógica semelhante a da área de livre-comércio, mas com a diferença de obrigar os países participantes a adotarem uma tarifa externa comum para os produtos importados do resto do mundo. Esse é o caso da UE e do Mercosul. Por exemplo, o Brasil é obrigado a cobrar a mesma alíquota de imposto sobre um bem importado que os demais países do Mercosul, e qualquer alteração precisa ser negociada com os demais membros dentro de uma política de ação conjunta. O resultado é que o país individualmente reduz a sua capacidade de fechar acordos comerciais, pois precisa da concordância dos demais membros.

Cabe ressaltar que as duas definições que demos de área de livre-comércio e uniões aduaneiras são bem genéricas. Portanto, cada acordo é um acordo, sendo negociado nos termos pelos quais os países participantes se interessam. Por exemplo, os acordos podem envolver apenas certos produtos e serviços e/ou os demais setores que sofrerão com a liberalização receberão longos prazos, que podem ser prorrogados, para se prepararem. Mesmo dentro de um acordo desses sempre existem aditivos jurídicos que permitem, por consensos entre os membros, que certos produtos e bens sejam considerados exceção e, assim, tenham as suas tarifas elevadas, ou que seja permitida a importação de bens de outros países a taxas menores. Dessa forma, existe uma boa margem de manobra entre os membros.

A integração econômica pode dar um passo à frente das formas de acordo que citamos, formando um mercado comum, que consiste, além da união aduaneira, na eliminação das barreiras políticas e nacionais à circulação de mercadorias, pessoas e capitais, passando a ser adotadas políticas comerciais conjuntas. Além disso, o mercado comum pressupõe uma moeda e política monetária comuns (ver capítulo 7), tal como a união política. No limite, o mercado comum tende a redundar na formação de um novo país formado pelos países-membros. O exemplo mais evidente e bem-sucedido nos dias atuais é a UE, que conta com união aduaneira, livre circulação de pessoas e capitais, moeda e política monetária comuns, e está acentuando a sua integração a ponto de poder se tornar um país em um futuro ainda muito distante.

Os blocos econômicos podem ter dois efeitos sobre o comércio internacional:

> **Criação de comércio**: consiste em os países-membros deixarem de produzir certos bens na medida em que podem adquiri-los, com menores custos, com os outros países-membros do acordo. Isso era algo antes impensado devido ao elevado protecionismo sobre esses setores para evitar a entrada de produtos do resto do mundo. Por exemplo, o Brasil por muitos anos protegeu os produtores de trigo da competição externa, mas, com o advento do Mercosul, passou

a ser mais barato para os moinhos importarem trigo da Argentina do que comprarem a sua totalidade dos produtores nacionais.

> **Desvio de comércio**: consiste na substituição de importações de fora dos membros da zona a custo mais baixo por importações dos países-membros a custos mais altos. Isso pode ocorrer se um ou mais membros aceitam elevar a taxação sobre o bem em resposta à solicitação de outros países-membros produtores desse bem e não tão competitivos como os bens feitos fora do bloco. É claro que o país aceita esse tipo de procedimento porque vê ganhos nos demais acordos fechados no âmbito da formação do bloco que mais que compensam essa perda pontual.

Os efeitos sobre o bem-estar agregado da sociedade decorrente da formação de blocos comerciais é ambíguo. Isso mesmo. Alguns setores do país serão beneficiados, e outros, não, porque não poderão ser adquiriridos bens tão baratos quanto antes. Entretanto, se o acordo foi fechado, a tendência é que o benefício tenha superado os custos. Caso contrário, não faria sentido fechar o acordo.

5.2.2 Principais blocos

Depois de conhecermos os conceitos básicos ligados à formação de blocos econômicos, vamos voltar a nossa atenção para três blocos que estão em evidência para nós brasileiros e que detêm características bem diferentes entre si: Nafta, UE e Mercosul. Cabe ressaltar que existe uma quantidade relativamente grande de blocos comerciais no mundo e, portanto, seria impossível apresentar todos aqui devido ao espaço reduzido e à pesquisa mais aprimorada que seríamos obrigados a realizar*.

Nafta

Segundo as informações do *site* do Nafta (2009), o tratado envolve os três países da América do Norte: México, Estados Unidos e Canadá. O acordo para a sua criação foi firmado em dezembro de 1992 e passou a vigorar oficialmente em primeiro de janeiro de 1994. Os seus principais objetivos são:

> eliminar obstáculos ao comércio e facilitar a circulação entre as fronteiras de bens e serviços;
> produzir condições de competição leal;
> aumentar os investimentos entre os países participantes;
> assegurar os direitos de propriedade;
> criar mecanismos de aplicação, cumprimento e busca de soluções conjuntas para as controvérsias eventuais da sua efetivação;
> elevar a cooperação multilateral entre os países.

Podemos observar que, como o próprio nome sugere, o Nafta é um acordo de livre-comércio e, portanto, não visa ir muito além da integração comercial através de maior circulação de bens e serviços entre os países-membros. Por um lado, isso quer dizer que os países têm uma maior liberdade em fechar

---

* Podemos destacar um bloco econômico que é uma área de livre-comércio formado pela Cooperação Econômica da Ásia e Pacifico (Apec), criado em 1993 na Conferência de Seattle, nos Estados Unidos, tendo como membros Estados Unidos, Japão, China, Formosa, Coreia do Sul, Hong Kong, Malásia, Tailândia, Indonésia, Filipinas, Austrália, Nova Zelândia, Papua Nova Guiné, Canadá, México e Chile. É um dos acordos de comércio mais importantes do mundo, pois, para termos ideia, a soma da produção industrial dos membros atingiu a cifra impressionante de metade da produção mundial.

acordos comerciais com países fora do Nafta, o que é interessante para os Estados Unidos, que mantêm negociações comerciais com outros blocos e países, sendo tais acordos extremamente importantes para a economia norte-americana. Para o México, isso também é importante na medida em que tem facilidade em buscar acordos comerciais com outros países e blocos, operando como uma ponte para o desembarque de bens e serviços no mercado norte-americano.

De outro lado, uma das desvantagens, se é que realmente constitui uma desvantagem, é que a população mexicana não pode circular livremente pelos Estados Unidos e pelo Canadá, em boa parte justificável para evitar a imigração ilegal e inchamento desses países por mexicanos à procura de melhores condições de vida. Também a união monetária e política passam ao largo do Nafta, principalmente porque os norte-americanos não têm interesse em abandonar a sua moeda, o Dólar, e nem abrir mão da soberania sobre a condução da política monetária e comercial, levando em conta a sua situação ímpar frente ao sistema monetário internacional e à integração comercial mundial (ver capítulo 7).

O Nafta permitiu ao México assumir o papel de ponte entre os grandes exportadores mundiais que buscam entrar no mercado norte-americano, nem que sejam meros montadores de *kits* vindos do exterior. Além do mais, o México recebeu uma parte considerável das unidades fabris das empresas norte-americanas, especialmente a linha branca, em que os produtos podem ser montados a menores custos e exportados para os Estados Unidos. Para os norte-americanos e canadenses, o México é um território interessante para os dois países oferecerem seus bens e serviços e para suas empresas instalarem o seu parque fabril.

União Europeia (UE)

Vamos conhecer a União Europeia (2009) com base nas informações disponíveis no seu próprio *site*. Pois bem, a semente da UE germinou após a Segunda Guerra Mundial (1939-1945) como forma de reduzir a possibilidade da ocorrência de uma nova guerra mundial tendo como centro as desavenças entre países europeus. Assim, era permitido que a paz e o clima de cooperação intraeuropeu prevalecessem para atingir a prosperidade, sem ser ceifada pelos conflitos internos, como ocorrera durante a Primeira e Segunda Guerra.

O primeiro movimento em direção a formação da UE se deu a partir de 1950 com a formação da Comunidade Europeia do Carvão e Aço, fundada por seis países: Alemanha, Bélgica, França, Itália, Luxemburgo e Holanda. Em 1957, devido ao sucesso dessa comunidade, os membros decidiram alargar o acordo e formar a Comunidade Econômica Europeia (CEE), ou mercado comum europeu, que previa a livre circulação de pessoas, mercadorias e serviços entre os estados-membros. Nos anos 1960, os países-membros passaram a instaurar um controle conjunto sobre a produção agrícola, resultando em excedentes de produção.

A partir da década de 1970, a CEE começou a crescer com o advento de novos estados-membros, entre eles Dinamarca, Irlanda e Reino Unido. Ao mesmo tempo, surgiu o auxílio para trazer Portugal e Espanha ao mesmo patamar de desenvolvimento dos demais países europeus, sendo que esses dois países eram recém saídos de ditaduras que tiveram origem na década de 1930. Nesse período de crescimento da

CEE também ocorreu a formação do Parlamento Europeu. No começo dos anos 1980, Grécia e, mais tarde, Portugal e Espanha passam a fazer parte da EU. Em 1986, é assinado o Ato Único Europeu, tratado que prevê um vasto programa de seis anos destinado a eliminar os entraves que se opõem ao livre fluxo de comércio na EU, criando assim o "mercado único".

Em 1993, finalmente é concluído o processo de formação do mercado único com as "quatro liberdades": livre circulação de mercadorias, serviços, pessoas e capitais. Além do mais, são firmados outros dois tratados: da União Europeia (ou Masstricht), em 1993; e de Amsterdã, em 1999. Em 1995, a EU passa a contar com Áustria, Finlândia e Suécia. Outro ponto sintomático da crescente integração é o Acordo de Schengen (*Schengen* é o nome de uma localidade luxemburguesa), que permite às pessoas viajarem dentro dos países-membros sem a necessidade de passaporte. O findar da década de 1990 traz consigo o estabelecimento do Euro, a moeda única da UE, passando a circular como moeda manual a partir de 2002, implicando uma política monetária com regras de gestão fiscal únicas que devem ser seguidas pelos países do bloco (ver capítulo 7).

Na década de 2000, a UE aceita novos membros, em 2004 (Chipre, Eslováquia, Eslovênia, Estônia, Hungria, Letônia, Lituânia, Malta, Polônia e República Checa) e em 2007 (Bulgária e Romênia), ainda tendo como candidatos Croácia, Macedônia e Turquia. Em 2004, devido ao aprofundamento da integração, passa a ser trabalhado para aprovar a constituição da EU, um marco na tentativa de criar um país europeu.

Pela descrição feita do processo de integração que se deu na UE, percebemos que a sua natureza e objetivos são bem mais profundos e diferentes do que os do Nafta. A primeira grande diferença é a intenção desde o nascedouro da UE de criar um mercado comum com a livre circulação de pessoas, mercadorias e bens, algo impensado no âmbito do Nafta. Recentemente, a criação de uma moeda única (o Euro), o estabelecimento de uma política monetária, regras fiscais e a tentativa de criar uma constituição deixaram claro que a UE tem como objetivo final criar um país europeu. Se vai ou não dar certo, só o tempo dirá, mas sem dúvida é o processo mais avançado nesse sentido até o momento.

Mercosul

Tomando como base as informações do *site* do Mercosul (2009), o bloco teve origem quando Brasil e Argentina iniciaram as negociações comerciais, no âmbito da Associação Latino-Americana de Integração (Aladi), em busca da formação de um mercado regional. Nesse cenário, os dois países passavam por um processo de redemocratização, e os presidentes José Sarney e Raul Afonsín assinaram, em 30 de novembro de 1985, a Declaração de Iguaçu, que enfatizava a importância da consolidação do processo democrático e da união de esforços com vistas à defesa de interesses comuns nos foros internacionais. Isso resultou na criação da Comissão Mista de Cooperação e Integração Bilateral, cuja responsabilidade era a formulação de propostas de integração entre Brasil e Argentina.

O resultado da Comissão Mista levou à assinatura, na cidade de Buenos Aires, em 29 de julho de 1986, da Ata para a

Integração Argentino-Brasileira, em que Brasil e Argentina se comprometiam a cumprir o Programa de Integração e Cooperação Econômica (Pice). O objetivo do Pice era abrir de modo seletivo os mercados nacionais e estimular a complementaridade das economias, constituindo uma clara preparação para a formação do Mercosul.

Em 29 de novembro de 1988, devido ao incremento do intercâmbio comercial entre Brasil e Argentina, os países assinaram o Tratado de Integração, Cooperação e Desenvolvimento. Nesse tratado, ambos estabeleceram um prazo de 10 anos para a formação de um espaço econômico comum, mediante a eliminação de barreiras tarifárias e não tarifárias e a elaboração de políticas conjuntas. Posteriormente, foi reafirmado pelos presidentes Fernando Collor de Mello e Carlos Saúl Menem com a assinatura da Ata de Buenos Aires, em 6 de julho de 1990, em que o prazo de implementação do mercado comum foi abreviado para 1994 e passou a privilegiar a redução linear de tarifas aduaneiras e de barreiras não tarifárias, ao mesmo tempo em que Brasil e Argentina abriam a sua economia.

Através do Tratado de Assunção, de 26 de março de 1991, Paraguai e Uruguai passaram a fazer parte do projeto do Mercosul. A partir daquela data, Argentina, Brasil, Paraguai e Uruguai acordaram ampliar as dimensões dos seus mercados nacionais por meio da integração econômica, sendo isso considerado uma prerrogativa básica para acelerar o processo de desenvolvimento. Em paralelo, as discussões previam a coordenação das políticas macroeconômicas e a complementação dos diferentes setores. Mais à frente veremos que essas prerrogativas não deram muito certo.

O Mercosul objetivava a criação de um mercado comum e com as seguintes implicações: livre circulação de bens, serviços e fatores de produção entre os países do bloco; o estabelecimento de uma tarifa externa comum; a adoção de uma política comercial conjunta em relação a terceiros Estados ou agrupamentos de Estados e a coordenação de posições em foros econômico-comerciais regionais e internacionais; a coordenação de políticas macroeconômicas e setoriais entre os Estados-partes; o compromisso dos Estados-partes de harmonizar suas legislações nas áreas pertinentes, a fim de fortalecer o processo de integração.

Além dos países-membros fundadores, o Mercosul possui membros associados: Bolívia (desde 1996), Chile (desde 1996), Peru (desde 2003), Colômbia e Equador (desde 2004). Ainda, em 4 de julho de 2006, foi assinado o Protocolo de Adesão da Venezuela ao Mercosul.

Afinal, o que podemos falar do Mercosul? Para começar, ele nasceu como um acordo ambicioso visando ser algo parecido com o que a UE estava se tornando ao longo do tempo. Os próprios objetivos explicitados no Tratado de Assunção demonstram que o objetivo final era uma integração nos âmbitos econômico e político, introduzindo objetivos como a coordenação das políticas macroeconômicas, complementaridade das estruturas produtivas e livre circulação dos fatores de produção. O problema é que isso não ocorreu e a perspectiva de ocorrer é cada vez mais irreal. Vamos explicitar isso por meio de três pontos.

O primeiro é que a coordenação das políticas macroeconômicas significa que um país não vai agir à revelia da opinião e políticas adotadas pelo outro. No âmbito do Mercosul, isso era a verdade, em termos, até a desvalorização cambial brasileira de 1998/1999, com a adoção do câmbio flutuante devido ao ataque especulativo que o país vivia. A Argentina mantinha o seu câmbio fixo e construía um dos pilares da sua política econômica, também seguida pelo Brasil no período pré-crise e de consolidação do Plano Real. O problema é que o Brasil agiu de forma unilateral em busca por defender os seus interesses e abandonou o câmbio fixo sem ouvir a opinião dos demais países-membros. A partir desse ponto, implodiu a possibilidade de coordenar as políticas macroeconômicas, pois os dois principais membros do bloco passavam a seguir linhas de políticas macroeconômicas totalmente diferentes. Além do mais, para a coordenação das políticas macroeconômicas ser efetiva, é necessária uma estrutura fiscal com uma política de gastos públicos que siga determinadas regras em comum, o que é impraticável no Mercosul devido à extrema heterogeneidade dos países-membros. Nesse contexto, pensar em uma moeda comum é utopia.

O segundo é que os problemas internos e a formatação da burocracia dos países-membros inviabilizaram aprofundar a liberalização da circulação de bens, serviços, pessoas e capitais, o que é fundamental para criar um mercado comum. Dessa forma, até hoje, os membros se digladiam devido aos efeitos "inesperados" da circulação livre de bens e serviços, buscando subterfúgios para evitar que aconteça. Isso recentemente foi recorrente no caso da Argentina, que estava em busca da proteção de sua indústria das importações brasileiras, entravando a integração comercial. Além do mais, a circulação de pessoas ainda sofre fortes resistências entre os países-membros, não se conseguindo aprovar uma legislação que realmente garanta a mobilidade do trabalho.

O terceiro é que os países continuam muito heterogêneos em todos os aspectos, não sendo isso resolvido ao longo da formação do Mercosul. Assim, as disparidades levam a distorções grandes entre os membros, inviabilizando a formação de algo parecido com a UE e constituindo um centro gerador de conflitos.

Por fim, podemos dizer que o Mercosul começou tendo como ideia focal criar um bloco semelhante ao da UE, mas acabou perdendo importância a partir do fim da década de 1990 e caminha para virar, em termos práticos, uma zona de livre-comércio nos moldes do Nafta.

Estudo de caso

O caso apresentado neste texto é interessante para visualizar os problemas internos que o Mercosul apresenta em nome de uma maior integração entre os países-membros, em que pese que ao longo do tempo as diferenças parecem crescer e não ser mitigadas.

Cúpula do Mercosul é marcada por falta de decisões

MONTEVIDÉU – A 38ª Reunião de Cúpula do Mercosul foi marcada pela falta de decisões relevantes para o fortalecimento da organização e sua consolidação como união aduaneira, ou seja, um bloco que, como a União Europeia, adota uma política comercial comum para as trocas de bens e serviços com países de fora da região. Abaixo, seguem as principais omissões na agenda da reunião de hoje em Montevidéu, algumas das quais deveriam ter sido acertadas há dez anos: TEC – O Mercosul alcançou um acordo no final de 2008, em nível técnico, para eliminar a dupla cobrança da Tarifa Externa Comum (TEC) sobre os produtos de fora da região que cruzam mais de uma fronteira dentro do bloco. A assinatura do compromisso foi vetada pelo Paraguai, que boicotou a negociação do tema ao longo de 2009.

Aduanas – Os termos do Código Aduaneiro do Mercosul também foram concluídos no final de 2008. Previam a interconexão automática das aduanas dos quatro sócios, a partir de informatização. Somada à eliminação da dupla cobrança da TEC, o Código Aduaneiro tenderia a facilitar a retomada das negociações do Mercosul com a União Europeia e com outros parceiros. A falta de acordos nessas áreas atrasa a agenda externa do bloco.

Parlamento – Embora os parlamentares dos quatro países tenham chegado a um acordo em 2008, a representação de cada sócio no Parlasul é um imbróglio a ser resolvido. O governo do Paraguai protesta contra a proporção recomendada – 75 representantes para o Brasil, 43 para a Argentina, 18 para o Uruguai e mais 18 para o Paraguai. Ainda falta a definição dos critérios de aprovação das decisões do Parlasul. Com o atraso, o Brasil não poderá incluir a escolha de parlamentares do Mercosul nas eleições de 2010.

Focem – O Fundo Estrutural de Convergência (Focem)

> vai acumular mais de US$ 500 milhões em 2010, mas continuará subutilizado. Na reunião de hoje, nenhum novo projeto foi aprovado. O objetivo de Montevidéu de conseguir acesso a cerca de US$ 80 milhões do Focem para a instalação de um linhão de energia elétrica entre a cidade uruguaia de San Carlos e Candiota, no Brasil, foi mais uma vez abortado pela Argentina, por causa da disputa bilateral em torno do investimento de uma fábrica de celulose no Uruguai.

Fonte: Estadão, publicado em 8 de dezembro de 2009. Disponível em: <http://www.estadao.com.br/noticias/economia,cupula-do-mercosul-e-marcada-por-falta-de-decisoes,478791,0.htm>. Acesso em: 10 dez. 2009.

Síntese

Neste capítulo, você conheceu a história da OMC e a sua principal função, que é promover a integração comercial em nível mundial. De um lado, são promovidas rodadas de negociações para reduzir as barreiras comerciais e, de outro, são arbitrados os conflitos comerciais entre países a fim de evitar a criação de tensões e guerras abertas que poderiam resultar no fim da integração comercial. Na segunda parte, vimos o que são blocos econômicos e definimos as suas duas formas básicas: áreas de livre-comércio e uniões alfandegárias. Por fim, mostramos o que são e como estão os três principais blocos econômicos próximos dos brasileiros: Nafta, União Europeia e Mercosul.

Questões para revisão

1. Qual a principal motivação para a criação da OMC? Considere na resposta o cenário Pós-Segunda Guerra Mundial.

2. Qual a diferença entre união aduaneira e área de livre-comércio?

3. Em relação ao Nafta, julgue as afirmativas a seguir como falsas (F) ou verdadeiras (V):
(   ) É um bloco econômico formado por México, Estados Unidos e Canadá.
(   ) É uma área de livre-comércio.
(   ) Possui uma tarifa externa comum.
(   ) Tem como objetivo uma integração política e econômica crescente, tomando medidas como, por exemplo, a criação de uma moeda única.
(   ) O objetivo principal é a integração comercial.
Agora, assinale a alternativa que corresponde à sequência obtida:
a) F, V, F, V, V
b) F, F, V, V, V
c) V, V, V, V, V
d) V, V, F, F, V
e) F, F, F, V, V

4. Em relação à União Europeia, julgue as afirmativas a seguir como falsas (F) ou verdadeiras (V):
(   ) É formada pela maioria dos países europeus.
(   ) É uma união aduaneira.
(   ) Visa a uma integração crescente entre os membros, em que a criação da moeda única, o Euro, é um dos passos nessa direção.
(   ) É fruto de um longo processo de maturação, que foi acelerado após a Segunda Guerra Mundial (1939-1945).
(   ) Tem uma tarifa externa comum.
Agora, assinale a alternativa que corresponde à sequência obtida:
a) F, V, F, V, V
b) F, F, V, V, V
c) V, V, V, V, V
d) V, F, V, V, F
e) F, F, F, V, V

5. Em relação ao Mercosul, julgue as afirmativas a seguir como falsas (F) ou verdadeiras (V):
(   ) Foi formado originalmente por Brasil, Argentina, Paraguai e Uruguai.
(   ) O objetivo inicial era criar algo semelhante à União Europeia.
(   ) A heterogeneidade dos países da região dificulta o aprofundamento da integração econômica.
(   ) Os conflitos entre os países do bloco são comuns, especialmente entre Brasil e Argentina.

(   ) Devido aos conflitos, o Mercosul é cada vez mais uma área de livre-comércio como o Nafta em vez de uma união aduaneira como a União Europeia.

Agora, assinale a alternativa que corresponde à sequência obtida:

a) V, V, V, V, V
b) F, F, V, V, V
c) V, F, V, V, V
d) V, F, V, V, F
e) F, F, F, V, V

Questões para reflexão

1. Diga quais os motivos que levam os países a aceitarem as determinações da OMC em conflitos comerciais, mesmos os mais poderosos.

2. Por que a União Europeia caminha relativamente bem na direção de formar um bloco econômico, e o Mercosul aparece cada vez mais mergulhado em conflitos que parecem implodir a ideia inicial de criar uma união aduaneira e integração crescente? Assim, será que a saída para o Mercosul seria transformá-lo em uma zona de livre-comércio, semelhante ao Nafta, sem maiores pretensões?

Para saber mais

EICHENGREEN, B. **The European Economy since 1945**: Coordinated Capitalism and Beyond. Princeton: Princeton University Press, 2006.

Essa obra apresenta uma análise muito detalhada sobre o processo de formação da UE, não apenas se apegando a aspectos econômicos, mas abrangendo todo o arranjo social e político necessário para criá-la. Assim, você poderá observar que não é nada fácil criar um bloco econômico com o nível de integração da UE.

KRUGMAN, P. The Move to Free Trade Zones. **Department of Economics, MIT, Working Paper.** Disponível em: <http://www.kansascityfed.org/PUBLICAT/ECONREV/EconRevArchive/1991/4q91krug.pdf>. Acesso em: 03 dez. 2009.

Esse texto aborda os motivos que levam os países a aderirem a zonas de livre-comércio e como funcionam os mecanismos que dão suporte a tal tipo de integração.

6

noções básicas
sobre macroeconomia
internacional

conteúdos do capítulo

› Macroeconomia internacional.
› Efeitos das relações econômicas com o exterior sobre as economias nacionais.
› Os elementos conceituais mais comuns (como taxa de câmbio, transações correntes e contabilidade nacional).

após o estudo deste capítulo, você será capaz de:

1. Conhecer os conceitos básicos sobre contabilidade nacional e balança de pagamentos.

2. Compreender os conceitos macroeconômicos que relacionam a economia nacional e o resto do mundo.

3. Compreender o significado da taxa de câmbio nominal e real, além dos regimes de câmbio e como estes influenciam a condução da política macroeconômica nacional.

Neste capítulo, começamos a nossa jornada de discussão sobre a macroeconomia internacional, que dá a liga para o comércio internacional se efetivar e influencia as ações do país frente ao investimento e à estabilidade econômica. Especificamente neste capítulo, vamos conhecer primeiramente o que é contabilidade nacional e balança e pagamentos, ambos conceitos técnicos que medem como o país se relaciona com o mundo. Depois, examinaremos os efeitos do setor externo sobre a condução das políticas macroeconômicas nacionais e estabilidade econômica do país, baseando-nos nas teorias convencionais presentes em qualquer livro de macroeconomia de nível de graduação.

6.1 contabilidade nacional e balança de pagamentos

Vamos começar a discussão conhecendo dois importantes instrumentos de verificação da situação econômica do país: contabilidade nacional e balança de pagamentos. A contabilidade nacional aborda basicamente a situação da economia interna e a divisão do produto nacional entre os seus principais ramos. A balança de pagamentos trata das relações entre a economia nacional e do resto do mundo também de forma agregada. É necessário que você tenha em mente que são apenas e tão somente instrumentos. Sendo assim, servem como um termômetro da eficácia das políticas econômicas em busca de seus objetivos e, portanto, sem o amparo da teoria econômica, dizem quase nada sobre a situação do país. Por exemplo, um déficit ou superávit externo podem ser bons ou ruins dependendo do objetivo dos formuladores das políticas econômicas, apesar de comumente a imprensa considerar o déficit ruim e o superávit bom. A referência utilizada para a construção desse item é o capítulo 12 do *Manual de economia internacional* de Krugman e Obstfeld (2005).

6.1.1 Contabilidade nacional

Você já deve ter ouvido comentários na imprensa sobre o desempenho do PIB, investimentos, gastos do governo, superávits em transações correntes etc. Pois bem, todos esses assuntos têm a ver com a contabilidade nacional, não que digam algo significativo por si sós, mas dão indicativos de como a renda nacional está sendo dividida entre os diferentes agentes da economia e como o setor externo entra para manter essa dinâmica. Para começarmos a nossa jornada pela contabilidade nacional, precisamos delimitar muito bem que produto nacional é originário da produção de todos os bens e serviços finais da economia, pois, se fossem contabilizados os bens intermediários, ocorreria dupla contagem. Ou seja, para contabilizar o valor de um carro, é desconsiderado o valor dos demais bens intermediários utilizados para a construção do carro, pois o valor já está presente no seu preço final. Outro ponto importante é que o produto nacional é igual à renda nacional, pois, se os produtos existem, alguém os compra e gera renda no mesmo valor.

Normalmente, são usadas duas medidas de produto nacional: produto nacional bruto (PNB) e produto interno bruto (PIB). Ambos medem o produto nacional de forma agregada, desconsiderando a depreciação do capital utilizado na produção, por isso sendo denominados *brutos*. O PNB considera o que é produzido pelos agentes nacionais presentes no país e no exterior, desconsiderando a contribuição de estrangeiros residentes no país. O PIB considera tudo que é produzido dentro das fronteiras do país, não importando se são nacionais ou estrangeiros. Tanto o PNB quanto o PIB podem ser medidos em preços do ano corrente, sendo este chamado de *nominal* ou, o mais usado para verificar a trajetória do PIB, *real*, em que é tomado como base o nível de preços de um ano base e é calculada a variação real do produto nos demais períodos.

Hoje em dia passou a ser cada vez mais comum os países e a imprensa em geral divulgarem com mais pompa os dados do PIB, pois este diz respeito à situação econômica do país por considerar todos os agentes que produzem algo. Contudo, o PIB e PNB mantêm uma relação matemática como na igualdade a seguir, em que o PIB pode ser expresso pela soma do PNB e a renda líquida, enviada ao exterior (RLEE). Lembramos que a RLEE indica a movimentação de rendas entre os países, sobretudo considerando a renda enviada por agentes que produzem bens fora de seu país e reenviam lucros para a sua nação natal. Por isso, países que historicamente investem mais no exterior do que recebem tendem a ter maior PNB do que PIB, o que ocorre, por exemplo, com os Estados Unidos. Por outro lado, os países que recebem ao longo do tempo investimentos do exterior em maior proporção do que investem em outros países tendem a ter o PIB maior que o PNB, como o Brasil, por exemplo.

PIB = PNB + RLEE

Agora vamos explorar a divisão da renda nacional (Y) em relação aos seus elementos básicos: consumo das famílias (C), investimentos (I), gasto do governo (G) e saldo das transações correntes (X − M).

$$Y = C + I + G + (X - M)$$

Esses elementos são definidos como:

> **Consumo (C)**: é a parcela utilizada para as famílias satisfazerem as suas necessidades. Por exemplo, comprar um carro novo, uma casa para morar, pagar um jantar ou realizar uma compra no supermercado. A renda disponível utilizada para o consumo é a renda total (Y) menos a tributação (T) para sustentar o governo.

> **Investimento (I)**: é a parcela destinada pelas firmas para aumentar a sua capacidade produtiva. Os estoques também entram nesse item na medida em que representam uma forma de investimento das firmas, ainda desempenhando o papel de ajustar as discrepâncias nas igualdades. Além do mais, o investimento nacional é considerado igual à poupança nacional. Por exemplo, a aquisição de um novo terreno para instalar uma planta industrial, um imóvel comercial ou um novo equipamento.

> **Gastos do governo (G)**: é a parcela utilizada pelo governo para manter a sua máquina administrativa e exercer o papel do Estado a fim de dar suporte à economia nacional, sendo consideradas apenas as ações que geram como contrapartida o pagamento de bens ou serviços adquiridos na iniciativa privada. Podemos citar, por exemplo, a manutenção de um hospital público e a construção de estradas e portos. A sua receita é originada da tributação cobrada das famílias. Nessa versão muito simplificada, as empresas não pagam impostos, apenas as famílias.

> **Transações correntes (TC ou X − M)**: consiste no saldo entre o total de exportações (X) e importações (M) de bens e serviços. Ou melhor, envolve genericamente a balança comercial (apenas bens reais) e de serviços (por exemplo, seguros, frete internacional e serviços financeiros). No momento, é importante que você tenha isso em mente, mas voltaremos a discuti-lo no item 6.1.2 sobre balança de pagamentos. No Brasil, a balança comercial costuma ser mais valorizada pela imprensa por ter um saldo bem maior que a de serviços. Na verdade, a balança de serviços brasileira costuma ser negativa.

Conhecendo o significado dos elementos da equação a seguir, fica mais fácil explorar a sua dinâmica conjunta. A primeira nota que você deve tomar é que, se a economia for fechada, sem relações com o exterior, a poupança nacional (S) é igual ao investimento (I). Ou seja,

$$S = I$$

A poupança nacional é formada por dois tipos de poupança: privada e pública. A poupança privada (S^p) é a parcela da renda disponível pelas famílias que não é utilizada para consumo. A poupança pública (S^g) é baseada na diferença entre o que o governo arrecada e o que gasta. Sendo assim, podemos deduzir a equação:

$$S = S^p + S^g$$

Contudo, se existirem relações, o país não precisa necessariamente manter a igualdade entre poupança nacional e investimentos, pois pode compensar a desigualdade pela ação das transações correntes (TC). Dessa forma a poupança nacional (S) passa a ser igual ao investimento (I) mais o saldo em TC:

$S = I + TC$

Nesse caso, as transações correntes podem ser consideradas uma forma de poupança denominada de *poupança externa*. Além do mais, o país em uma economia aberta pode incorrer em três situações mostradas no Quadro 6.1:

Quadro 6.1 – Situação do país em relação ao saldo em transações correntes

Deficitário (TC < 0)	Nulo (TC = 0)	Superavitário (TC > 0)
Poupança externa complementa a nacional	Poupança externa é nula	Poupança nacional é utilizada para financiar outros países
Investimento nacional é financiado por outros países	Investimento nacional é igual à poupança nacional	Investimento nacional é menor que o nível de poupança
Aumento do endividamento externo	Endividamento externo inalterado	Redução do endividamento externo

As três situações apresentadas sobre as transações correntes introduzem o conceito denominado *comércio intertemporal*, presente nas economias abertas. Explicando melhor, o país que está com déficits em TC está adiantando o seu gasto futuro para o presente por meio da obtenção de poupança externa que um dia terá que ser paga. Ao mesmo tempo, o país superavitário em TC está emprestando poupança para outros países adiantarem os seus gastos, mas em troca no futuro receberá o pagamento por esse empréstimo.

No fim das contas, todos os envolvidos acabam se beneficiando, pois ambos estão atingindo as suas metas e elevando o seu bem-estar. Exemplificando, tome como base a necessidade de um país como o Brasil de construir uma usina hidroelétrica para dar suporte ao seu crescimento econômico, mas sem poupança suficiente para tal. Contudo, pode obter poupança para financiá-la através de outro país que mantém alto nível de poupança e não utiliza, como o Japão. Dessa forma, o Brasil pode financiar a construção dessa instalação sem alterar o nível de poupança interna na medida em que obtém recursos em outro país, que também se beneficia ao dar algum uso ao seu excesso de poupança.

6.1.2 Balança de pagamentos

Agora vamos estudar o instrumento básico que mede a situação econômica do país em relação à economia mundial, que é o balanço de pagamentos. Perceba que o nome remete a um termo muito semelhante ao utilizado na contabilidade para verificar o balanço financeiro das empresas. Isso não é coincidência, pois o balanço de pagamentos registra todos os pagamentos e envios de recursos ao exterior (recebem sinal negativo e são considerados débitos), tal como os recebimentos (recebem sinal positivo e são considerados créditos). Existem três tipos de transações registradas pelo balanço de pagamentos:

› **Transações correntes (TC)**: como já vimos, contempla transações que envolvam a exportação ou importação de bens e serviços, em que a importação é lançada com sinal negativo por necessitar de um pagamento ao exterior, e as exportações, com sinal positivo por terem como contrapartida um pagamento proveniente do exterior.

› **Conta financeira (CF)**: consiste na venda e na compra de ativos, sendo o ativo qualquer forma como a riqueza possa ser mantida (por exemplo, ações, dinheiro, unidades produtivas, empresas, títulos da dívida do governo). Assim, quando um país compra ativos no exterior, recebe o sinal negativo porque efetuou um pagamento por ele, e quando tem seus ativos nacionais comprados por estrangeiros, recebe o sinal positivo por estar recebendo um pagamento em troca.

› **Conta capital (CC)**: abrange todas as outras operações que resultam na transferência de riqueza de um país para outro, normalmente fora do mercado ou ativos não produzidos e intangíveis (não conseguimos mensurar). Por exemplo, podemos citar o perdão de dívidas externas em que quem perdoa lança como débito, e quem foi perdoado o vê como crédito. Ou mesmo a riqueza trazida por imigrantes. Neste último caso, normalmente costuma ser baixo.

Dados esses três elementos, podemos deduzir que o balanço de pagamentos é formado pela igualdade:

$TC + CF + CC = 0$

Pode parecer estranha a igualdade dar zero, mas não é. Isso ocorre porque o balanço de pagamento segue a lógica contábil de débito e crédito, em que ambos precisam ser igualados. Assim, por exemplo, o desequilíbrio para mais ou para menos da TC vai refletir em um movimento inverso da CF para compensá-lo. Assim, se o país tem um déficit grande e persistente em TC, aumenta a sua dívida externa e tende a atrair capital para comprar os seus ativos nacionais e sustentar um nível de gastos e bem-estar superiores ao que conseguiria com a sua própria capacidade em troca da redução da riqueza líquida nacional. Nesse contexto, começa a fazer sentido a ideia de déficits e superávits na balança de pagamentos, considerando a mudança da riqueza líquida do país em relação ao exterior. Contudo, cabe ressaltar que a conta capital na maioria dos países representa uma parcela muito pequena da balança de pagamentos. Por isso, o esperado é que o ajuste externo se dê por meio das transações correntes e conta financeira.

6.2 conceitos fundamentais em uma economia aberta

Nesta seção, vamos explorar as peças do quebra-cabeça que envolve as políticas macroeconômicas de uma economia aberta. Sendo assim, começaremos estudando separadamente os conceitos de política fiscal e monetária, a relação entre taxas de juros e mobilidade de capital, e entre taxa e regime de câmbio. Para isso vamos utilizar como referências os manuais de macroeconomia do Mankiw (2004) e Blanchard (2007).

6.2.1 Política fiscal e monetária

Você já deve ter ouvido muito as expressões *política fiscal* e *política monetária*. Quando se fala de economia, essas expressões são muito comuns. Então, é melhor defini-las antes de estudá-las.

A política fiscal é toda a ação do governo relacionada à sua atuação na economia, por exemplo, cobrança de impostos e transferências de recursos para iniciativa privada sem a contrapartida de bens e serviços como programas sociais, subsídios e gastos do governo. Isso tem um papel muito importante porque o governo é um grande agente na economia nacional e, assim, as suas decisões de gastos e obtenção de recursos têm consequências econômicas acentuadas. A política monetária é como o Estado, por meio da autoridade monetária (Banco Central, por exemplo), controla a circulação da moeda e o volume de crédito. Dessa forma, é possível exercer certo controle sobre o nível de preços nacional e o quanto de crédito é ofertado na economia. É claro que as duas têm uma relação muito íntima, mas antes de entrarmos nesse mérito vamos nos aprofundar em cada uma.

A equação fundamental da política fiscal em uma economia aberta é dada da seguinte forma, muito semelhante ao que vimos no item 5.1.1 sobre contabilidade nacional, mas agora nos aprofundando na teoria econômica para explicar a sua lógica:

$$Y = C + I + G + (X - M)$$

Nós conhecemos os itens renda (Y), consumo (C), investimento (I) e gasto do governo (G). Na verdade, também conhecemos um pouco do item (X – M), mas vamos aprofundar a discussão e dizer o que influencia esse saldo.

As exportações (X) são influenciadas por dois elementos: renda mundial (Y') e taxa de câmbio (ε). A renda mundial (Y') tem influência positiva, pois quanto maior a renda mundial, mais o mundo tende a consumir e demandar bens e serviços do país. Por exemplo, quando a economia mundial cresce, os países tendem a demandar mais bens e serviços, levando as exportações a crescerem. A taxa de câmbio (ε) apresenta uma medida em que um câmbio valorizado deixa as exportações mais caras em relação aos bens e serviços de outros países. Por exemplo, uma televisão oferecida a um preço, dada certa taxa de câmbio, é competitiva e atrai consumidores, mas se a taxa de câmbio se valorizar, a televisão fica mais cara e não é tão competitiva frente aos concorrentes nacionais.

As importações (M) dependem positivamente da renda nacional (Y) e da taxa de câmbio (ε)*. A influência positiva da renda segue a mesma lógica das exportações, mas quando a renda nacional cresce, o país tende a demandar mais bens importados para aumentar o consumo, investimento ou gastos do governo. A taxa de câmbio (ε) tem influência positiva na medida em que um câmbio valorizado aumenta o preço dos produtos importados em relação aos nacionais. Voltando ao exemplo da televisão, o consumidor tende a comprar a televisão mais barata, e um câmbio valorizado deixa a televisão importada mais cara que a nacional, impulsionando-o a adquirir a nacional.

Sendo assim, quando a demanda doméstica (C + I + G) for igual à oferta de produtos domésticos, as exportações e importações se anulam e o país zera o seu saldo com o exterior. Entretanto, supondo que ocorra um aumento na demanda doméstica, como o aumento dos gastos do governo, é criada uma pressão para importar mais para fazer frente ao aumento da demanda. Lembre-se de que estamos considerando a taxa de câmbio e a monetária constantes (logo vamos discutir esses pontos). O país pode estar em três situações, descritas a seguir.

---

* Lembre-se das teorias keynesianas que vimos no capítulo 3 que relacionam crescimento econômico e comércio internacional, especialmente utilizando as exportações.

Quadro 6.2 – Situação do país frente ao cenário externo

Superávit	Equilibrado	Déficit
Exportações > importações	Exportações = importações	Exportações < importações
Exportações líquidas > 0	Exportações líquidas = 0	Exportações líquidas < 0
Y > C + I + G	Y = C + I + G	Y > C + I + G
Poupança > investimento	Poupança = investimento	Poupança < investimento
Fluxo líquido de capital para o exterior > 0	Fluxo líquido de capital para o exterior = 0	Fluxo líquido de capital para o exterior < 0

Fonte: Mankiw, 2004, p. 79

A política monetária tem poder de influenciar a oferta de moeda e crédito, tendo efeitos sobre o nível de investimentos através da taxa de juros interna, influenciando a demanda doméstica e taxa de câmbio na medida em que altera as exportações líquidas e provoca a movimentação de capital. A discussão sobre a política monetária envolve outros elementos que ainda não foram explorados, portanto, vamos deixar para aprofundar a discussão no item 6.3 quando vamos ver tudo funcionando em conjunto.

Um conceito que você precisa ter em mente é a condição Marshall-Lerner, que nada mais é do que uma depreciação real da moeda nacional. Esse efeito pode elevar as exportações líquidas à medida que o preço dos produtos importados aumenta e o seu consumo reduz; ao mesmo tempo, as exportações crescem devido ao seu menor preço relativo no exterior. Isso é a relação que estudamos sobre a influência da taxa de juros sobre as importações e exportações, mas na forma de exportações líquidas. Outro conceito adjacente é a curva J que indica que a desvalorização do câmbio apresenta uma defasagem temporal até as exportações líquidas responderem e se adequarem, formando uma curva em J no gráfico.

6.2.2 Taxas de juros e mobilidade de capital

Tomando como base uma economia pequena e aberta, vamos explorar a influência da taxa de juros e mobilidade de capital. É claro que estamos nos referindo à taxa de juros real que nada mais é que a nominal (expressa nos contratos e pública) subtraída à inflação, pois o que realmente importa para o investidor é a taxa de juros real. Assim, temos os efeitos considerando o grau de mobilidade de capital:

› **Mobilidade inexistente**: quer dizer que os capitais não podem entrar ou sair do país. Assim, a autoridade monetária tem condições de sustentar as taxas de juros internas (r) diferentes das praticadas internacionalmente (r'), implicando que um aumento na taxa de juros interna não leva a um aumento na entrada de capitais internacionais e valorização da moeda nacional, mantendo a taxa de câmbio inalterada.

› **Mobilidade perfeita**: implica que os capitais internacionais podem entrar e a sair do país livremente. Sendo assim, o país pode tentar elevar a sua taxa de juros interna em relação à internacional. Portanto, se a autoridade monetária tentar elevar a taxa de juros nacional assim mesmo, acaba por atrair capitais internacionais devido ao maior rendimento, levando à equalização das taxas de juros. Ao mesmo tempo, ocorre uma pressão para a valorização da moeda nacional, sendo reduzidas as exportações líquidas.

› **Mobilidade imperfeita**: é uma situação intermediária entre a perfeita e a inexistente mobilidade de capital. Nesse caso, o país tem alguma margem de manobra para manter uma taxa de juros interna diferente da internacional, mas apenas até que o movimento de capitais internacionais equalize novamente as taxas de juros com o passar do tempo, sendo o ajuste bem mais lento do que na mobilidade perfeita. Dessa forma, a moeda nacional sofre uma pressão menor e mais consistente para valorizar-se.

Hoje em dia, a situação da mobilidade internacional do capital está próxima da perfeita. Entretanto, para explicar por que um país recebe ou não mais capital internacional, é necessário considerar o risco de investir em cada país, risco este que está implícito no quanto o investidor está disposto a pagar além da taxa de juros básica internacional para investir. Essa taxa de juros básica internacional é a do país considerado mais seguro, que hoje em dia são considerados os Estados Unidos. Por isso, os diversos países do mundo conseguem sustentar taxas de juros diferentes, mesmo com grande mobilidade de capital.

6.2.3 Taxa e regime de câmbio

Até agora nos referimos à taxa de câmbio como uma coisa só. Entretanto, existem dois tipos de taxas de câmbio: nominal e real. A nominal é a comparação entre os preços relativos da moeda de dois países, sendo a mais divulgada na imprensa e a que costuma suscitar volume maior de comentários. A real consiste no preço relativo entre os bens e serviços de dois países; apesar de não ser tão explícita e lembrada na grande mídia, é a que de fato influi nas exportações líquidas e para os formuladores da política econômica nacional. Contudo, podemos calcular a taxa de câmbio real (ε) com base na nominal (r):

$\varepsilon = e \times (P/P')$

em que ε = taxa de câmbio real, e = taxa de câmbio nominal, X = indica multiplicação e P/P' = relação entre o nível de preços nacional (P) e estrangeiro (P').

Outra forma de comparar as rendas e preços de mercadorias de diferentes países expressas em suas moedas é pela Paridade do Poder de Compra (PPC), pois há condições de dizer quanto de certa moeda nacional é necessário para comprar determinada cesta de bens e serviços em cada país. Dessa forma, não necessariamente certo valor em dólares pode comprar a mesma quantidade de bens e serviços no Brasil ou na Europa. Isso também reflete em uma forma precisa de medir os custos de vida ao redor do mundo ao evitar as distorções proporcionadas pela taxa de câmbio, principalmente nominal.

Finalmente, entramos em outra seara, que são os regimes de câmbio que dizem como o país administra as pressões oriundas da entrada e saída de divisas estrangeiras, por meio das transações correntes, atração de capitais internacionais, investimentos diretos etc., em relação às pressões para a alteração da taxa de câmbio. A adoção desses regimes também está associada à política cambial. Dessa forma, existem dois regimes básicos:

› **Flutuante**: a taxa de câmbio flutua em relação às variações econômicas do país com o mundo. Por exemplo, se a taxa de juros nacional aumenta em relação à taxa de juros internacional, caso haja mobilidade de capital, capital é atraído e a moeda nacional é valorizada. Nesse contexto, a autoridade monetária não intervém no mercado cambial diretamente e espera que a economia se ajuste naturalmente. Isso pode ser potencialmente deletério no caso de uma grande entrada de recursos estrangeiros (por exemplo, capitais ou superávits em transações correntes) na medida em que é valorizada a moeda nacional, são reduzidas as exportações líquidas e a competitividade da indústria nacional, podendo esta inclusive ser destruída a longo prazo.

> **Fixo**: a taxa de câmbio sustenta determinada cotação independente dos movimentos que forcem a sua alteração. Assim, a autoridade monetária se transforma em uma "caixa de conversão" entre moeda nacional e estrangeira, perdendo a sua autonomia e direcionando os seus esforços na manutenção da taxa de câmbio. Para isso, é necessário que a autoridade monetária mantenha sob seu controle reservas cambiais para vendê-las e tentar neutralizar a pressão pela desvalorização da moeda e, em caso contrário, adquirir moedas estrangeiras para evitar uma valorização. Isso pode gerar pressões insustentáveis sobre o país e comprometer a sustentabilidade da taxa de câmbio quando ocorrem rápidos movimentos de entrada ou saída de capitais ou persistentes déficits ou superávits em transações correntes. Toda a política monetária está voltada para sustentar aquela taxa de câmbio e que pode ser excessivamente superficial e estar longe do equilíbrio.

Atualmente, é mais comum que as taxas de câmbio sejam flutuantes sujas. Ou seja, os países permitem que as taxas de câmbio flutuem, mas periodicamente intervêm no mercado para que os ajustes sejam menos abruptos. Entretanto, não buscam alterar a tendência do câmbio a longo prazo. Por exemplo, você já deve ter ouvido falar muito que o banco central intervém no câmbio comprando ou vendendo divisas diariamente e que conseguiu ter alguma influência sobre a taxa de câmbio em um determiado dia. Porém, a longo prazo, a discussão é mais ampla na medida em que é preciso conhecer e lidar com as variáveis econômicas que estão levando o câmbio a ter certa tendência persistente.

Quando existe alguma mobilidade de capital entre países e moedas, os investidores podem realizar operações de arbitragem que consistem em comprar e vender moedas nacionais diferentes, visando obter ganhos com a variação cambial. Isso ocorre frequentemente nas bolsas de valores pelo mundo, também envolvendo ativos cotados em moedas diferentes, o que pode ser chamado de *especulação*. Nesse contexto, um país que adota o regime de câmbio fixo pode ter grandes dificuldades em sustentá-lo se permitir grande mobilidade de capitais, pois as pressões provenientes da movimentação de capitais podem ser insuportáveis e ocorrer rapidamente.

Dessa forma, os especuladores podem jogar contra a sustentabilidade do regime de câmbio, gerando uma pressão crescente para a desvalorização e forçando a autoridade monetária a queimar reservas até o ponto em que estas não existam mais e o câmbio tenha que ser desvalorizado. Um dos exemplos recentes para nós brasileiros foi a desvalorização do real e o abandono do câmbio fixo em 1999, devido ao país não suportar os ataques especulativos para a desvalorização.

Síntese

Este capítulo permite que você tenha uma noção básica sobre contabilidade nacional, balança de pagamentos e a teoria macroeconômica do país com o resto do mundo. Na primeira parte, foram apresentados os conceitos relacionados à compreensão desses instrumentos, permitindo fazer leituras sobre o significado de informações como, por exemplo, déficits ou superávits em transações correntes. Na segunda, entramos em contato com o significado macroeconômico das informações contidas na contabilidade nacional e na balança de pagamentos.

Questões para revisão

1. Considere que um país apresenta um déficit em transações correntes persistente ao longo dos anos. O que tende a acontecer em relação ao seu endividamento externo? E em caso de superávit?

2. Quais os elementos que influenciam as exportações? E as importações?

3. Considere os casos de mobilidade de capital para julgar as afirmativas a seguir como falsas (F) ou verdadeiras (V):
(   ) Os três casos possíveis de mobilidade de capital são: perfeita, imperfeita e inexistente ou nula.
(   ) Na mobilidade perfeita, os capitais podem entrar e sair livremente do país.
(   ) No mundo real, a mobilidade de capital é imperfeita e, hoje em dia, na maioria dos países tende a haver a perfeita.
(   ) Na situação de mobilidade inexistente ou nula, um aumento na taxa de juros interna provoca um aumento na entrada de capitais externos na medida em que não conseguem entrar no país.

(   ) Na mobilidade perfeita, qualquer aumento na taxa de juros interna é impossível ser sustentado, pois o capital externo é atraído e reduz as taxas de juros até que se equalize com as praticadas internacionalmente, julgando, é claro, que o risco entre os países seja o mesmo.

Agora, assinale a alternativa que corresponde à sequência obtida:

a) F, V, F, V, V
b) F, F, V, V, V
c) V, V, V, F, V
d) V, F, V, V, F
e) F, F, F, V, V

4. Considerando os tipos de regime de câmbio, aponte se as afirmativas a seguir são falsas (F) ou verdadeiras (V):

(   ) Os dois tipos de câmbio são nominal e real.

(   ) O câmbio nominal compara o valor entre duas moedas, e o câmbio real, entre uma cesta de bens e uma de serviços.

(   ) Os regimes de câmbio são: flutuante, fixo e nominal.

(   ) No câmbio fixo, a autoridade monetária assume o compromisso de efetuar compras e vendas de moeda estrangeira no mercado para sustentar determinada cotação, transformando-se em uma caixa de conversão, com a principal função de manter a taxa de câmbio fixa.

(   ) No câmbio flutuante, a cotação do câmbio flutua segundo a determinação do mercado.

Agora, assinale a alternativa que corresponde à sequência obtida:

a) F, V, F, V, V
b) F, F, V, V, V
c) V, V, V, V, V
d) V, V, F, V, V
e) F, F, F, V, V

5. Considerando a mobilidade de capital e regimes de câmbio, julgue as afirmativas a seguir como falsas (F) ou verdadeiras (V):
(   ) A adoção do regime de câmbio fixo em mobilidade perfeita (ou quase) de capitais pode gerar problemas na sua sustentabilidade de longo prazo, especialmente se o país é susceptível a ataques especulativos, pois a movimentação de capitais torna impossível manter o taxa de câmbio fixa
(   ) A crise que assolou o Brasil em 1998/1999 e provocou a desvalorização do Real e abandono do câmbio fixo é uma evidência da incompatibilidade entre câmbio fixo e elevada mobilidade de capitais
(   ) No regime de câmbio flexível, a autoridade monetária tem maior margem de manobra para aplicar políticas a fim de contornar crises e ataques especulativos, apesar de o preço pago ser a maior volatilidade das taxas de câmbio.
(   ) O ataque especulativo e a crise de confiança no país podem provocar a fuga de capitais e a redução de divisas externas para o país honrar seus compromissos externos.
(   ) Se um país eleva a sua taxa de juros, o capital externo não é atraído, mesmo se há livre mobilidade de capital.
Agora, assinale a alternativa que corresponde à sequência obtida:

a) V, V, V, F, F
b) F, F, V, V, V
c) V, V, V, V, V
d) V, F, V, V, F
e) F, F, F, V, V

Questões para reflexão

1. Suponha que um país aceite ser deficitário e, assim, elevar a sua divida externa para desenvolver a sua indústria. O endividamento externo foi benefício para o país? Por quê?

2. Uma moeda valorizada é benéfica ou maléfica para o país? Apresente argumentos que abordem ambas as perspectivas.

Para saber mais

GHOSH, A. R. et al. Does the Nominal Exchange Rate Regime Matter? **NBER Working Paper Series**, p. 1-35, jan. 1997. Disponível em: <http://www.nber.org/papers/w5874.pdf>. Acesso em: 03 dez. 2009.

Esse texto busca responder à pergunta: a taxa de câmbio nominal é importante? Muito bom para relacionar a taxa de câmbio nominal com as discussões sobre câmbio.

MOURA, G.; SILVA, S. da. **Is There a Brazilian J-Curve?** Disponível em: <http://129.3.20.41/eps/if/papers/0505/0505001.pdf>. Acesso em: 30 dez. 2009.

Faz um estudo que analisa a reação das exportações líquidas brasileiras em relação ao câmbio.

7

sistema monetário
internacional e reflexos
sobre o Brasil

conteúdos do capítulo

> O sistema monetário internacional em uma perspectiva mais histórica do que macroeconômica.
> Finanças internacionais.
> Uniões monetárias.
> O papel do Brasil frente ao sistema monetário internacional.

após o estudo deste capítulo, você será capaz de:

1. Saber o que é o sistema monetário internacional e como evoluiu ao longo do tempo.

2. Compreender as questões e instituições internacionais ligadas ao sistema monetário internacional que estão em evidência na mídia, além de desajustes externos e a dinâmica do sistema.

3. Entender o que são as uniões monetárias, sua motivação e como funcionam.

4. Compreender a inserção do Brasil na evolução do sistema monetário internacional e, principalmente, a sua posição atual.

No capítulo anterior, você teve contato com as bases teóricas da relação entre uma economia nacional e o resto do mundo. Agora, chegou a hora de entrar em contato com o sistema monetário internacional e moeda, além de unir o que você aprendeu nos capítulos anteriores sobre comércio internacional. Ao ler o título do capítulo, a primeira questão que pode ter vindo a sua mente é: o que é o sistema monetário internacional? Antes de responder à pergunta, é necessário deixar claro que essa é a sua denominação mais comum, mas também aparece como, por exemplo, *sistema financeiro mundial* ou *sistema monetário mundial*. Ambas as denominações acabam por indicar o mesmo tema.

Para responder à pergunta, é interessante fazermos uma reflexão sobre o caminho traçado ao longo do livro. Nos primeiros quatro capítulos, foram abordados temas referentes ao comércio internacional, ou seja, troca de bens e serviços palpáveis entre países, sendo deixados de lado temas como taxa de câmbio, fluxos de capitais e fluxo de pagamentos. Somente no capítulo 5 passamos a nos debruçar sobre os conceitos macroeconômicos relacionados à integração econômica internacional. Isso é proposital, servindo como uma maneira didática de apresentar a economia internacional e frequentemente utilizada na maioria dos manuais. Portanto, é preciso que você tenha em mente que as duas coisas são igualmente importantes e existem economistas especializados em um ou outro tema.

Após essa breve reflexão, vamos responder juntos ao que é o sistema monetário internacional, mas possivelmente você já tem uma noção. Todo o comércio internacional precisa de um mecanismo que permita que os fluxos de pagamentos e outros capitais circulem na economia mundial. Esse sistema nada mais é que o próprio sistema monetário internacional. Antes de apresentar a organização do capítulo, é preciso lhe prevenir que é importante você conhecer a história do sistema monetário internacional, desde os primeiros relatos de sua origem no começo do século XIX, para entender o que ele é hoje e os temas adjacentes sobre moeda e a inserção do Brasil no mundo. Considerando isso, o capítulo está organizado em três partes.

A primeira parte apresenta a história do sistema monetário internacional, fazendo uso da divisão comumente utilizada pelos autores do tema: Era do Padrão Ouro (1880-1914), Período entre Guerras (1918-1939), Bretton Woods (1945-1973) e Pós-Bretton Woods (1973 – dias atuais). A segunda trata da moeda, ou melhor, das questões que a permeiam o contexto internacional, tais como o que vem a ser uma moeda forte ou fraca, a influência sobre a economia nacional e o que são uniões monetárias. Por fim, a última é reservada para a discussão da inserção do Brasil no sistema monetário internacional.

No fim deste capítulo, você terá condições de entender de forma prática o que é e como é a dinâmica da macroeconômica internacional, sendo capaz de ler uma matéria em uma revista ou assistir ao noticiário sobre algum tema abordado e ter condições de compreender, analisar e, acredite, mesmo questionar a conclusão apresentada pelo jornalista ou pelo economista.

7.1 evolução do sistema monetário internacional

Nesta seção, o nosso objetivo é apresentar a evolução do sistema monetário internacional, destacando as suas mudanças estruturais e a sua formatação atual. A organização da seção segue a divisão dos períodos do sistema monetário que a maioria dos autores fazem. O primeiro é baseado no padrão ouro, que nasce naturalmente em idos de 1870/1880 com a sua adoção pela maioria dos países e termina com a eclosão da Primeira Guerra Mundial (1914-1918). O segundo é o Período entre Guerras, que, como o próprio nome insinua, abrange o período entre a Primeira e a Segunda Guerra Mundial (1914-1945). O terceiro é Bretton Woods (1945-1973), que consiste no sistema acordado pelos vencedores da Segunda Guerra Mundial para reconstruir o sistema monetário internacional e dar suporte a reintegração da economia mundial. Por fim, a fase Pós-Bretton Woods (1973 – dias atuais), que compreende o período entre o colapso do Sistema de Bretton Woods, ocorrido em 1973 até os dias atuais. A base dessa explicação é inspirada no livro *Globalizing Capital: a history of the international monetary system*, de Barry Eichengreen (2008), um dos mais consagrados autores desse tema. Com dezenas de referências que permitem aprofundar-se no tema, esse é um livro clássico e básico para quem quer começar a entender o que é o sistema monetário internacional.

7.1.1 Padrão ouro (1880-1914)

Antes de entrar na Era do Padrão Ouro em si, é preciso ter em mente dois aspectos. Um é que o padrão ouro significa, em linhas gerais, que um país mantém a sua moeda em uma paridade fixa com certa quantidade de ouro, também garantindo a sua plena conversibilidade. O outro é que o padrão ouro tem uma origem muito mais antiga do que da Era do Padrão Ouro (1880-1914), sendo essencial para a viabilização das atividades mercantis por séculos. Assim, vamos explorar ambas as questões.

A origem do padrão ouro remonta ao próprio uso de metais preciosos como moeda, voltando ao quinto século a.C., quando os sumérios, localizados no Oriente Médio, passaram a usar moedas de metal. Posteriormente, o metal tornou-se muito difundido por desempenhar bem as funções da moeda: (a) unidade de conta que dá parâmetros para comparar diferentes preços de bens e serviços; (b) meio de troca por funcionar como um equivalente geral que pode ser trocado por qualquer mercadoria; e (c) reserva de valor na medida em que é aceita como um equivalente geral fazendo sentido estocar grandes quantidades como se fosse riqueza. E como a moeda de metal se encaixa nessas funções? Simples, para a função (a), o metal é facilmente divisível; para a (b), é fácil de ser transportado, relativamente uniforme e bem aceito; para a (c), é fácil estocar e dificilmente se degrada com as intempéries. Por isso, em quase todos os contos de fadas, a riqueza, ou poder, de um rei está ligada ao acúmulo de grandes quantidades de ouro, o metal mais famoso e valioso entre os usados como moeda.

A atividade mercantil teve grande importância na economia até a queda do Império Romano Ocidental em 476 d.C., quando foi aos poucos totalmente substituído pela organização feudal da economia, em que a maioria das transações se dava dentro do feudo e o dinheiro tinha um papel mínimo. Contudo, a partir do fim do primeiro milênio, acentuado após o século XII, a atividade comercial no Ocidente voltou a crescer com o nascimento das feiras de comércio no continente europeu reunindo produtos e comerciantes de várias regiões. Ao mesmo tempo, as cidades do Norte da Itália passaram a ser o grande entreposto comercial, intermediando as trocas entre o Ocidente e o Oriente e incentivando as atividades mercantis. Nesse contexto, considerando a existência de muitos reinos quase independentes e rotas comerciais terrestres mal conservadas e cheias de ladrões, o transporte de grandes quantidades de metais preciosos, especialmente ouro, tornava-se difícil e perigoso. A solução dos comerciantes foi criar documentos que representassem o valor desses metais, permitindo, assim, que as transações comerciais se efetivassem sem a necessidade da movimentação física das reservas metálicas. Pouco depois, nasceram os bancos comerciais na região do Norte da Itália, que tinham a missão de guardar as reservas metálicas e emitir certificados de depósito que eram negociados em troca de mercadorias.

Você percebeu que até agora não citamos a figura do Estado nacional. Por quê? A resposta é simples: não existiam como os conhecemos hoje, ou seja, a concepção atual de Estado nação nasceu por volta de 1600 na Europa. Ao mesmo tempo, o Estado buscou monopolizar a produção de moeda, introduzindo a moeda fiduciária, que consiste em notas parecidas com o dinheiro atual, sem valor implícito, mas que representavam uma quantidade de ouro que pode a qualquer momento ser convertida, sendo esta a ideia central do padrão ouro. Isso explica o nome da moeda britânica: a *libra esterlina*. Afinal, de onde você pensa que saiu o nome *libra*? A libra é uma medida de peso anglo-saxão que originalmente também servia para pesar o ouro usado como moeda.

No fim do século XVIII, o mundo ocidental sofreu com o conflito entre as duas grandes potências mundiais e europeias da época: Grã-Bretanha e França. Essa disputa ficou conhecida como *Guerras Napoleônicas* (1773-1815). Como era de se esperar, a guerra implodiu a crescente interligação dos mercados financeiros e comerciais europeus, também levando os países envolvidos a restringirem a conversibilidade de suas moedas em ouro como forma de garantir recursos para o esforço do conflito.

Após as Guerras Napoleônicas, a Grã-Bretanha se consolidou como potência hegemônica e líder da economia mundial. Uma das suas primeiras medidas para impulsionar a integração econômica foi retomar a conversibilidade plena da libra esterlina em ouro ocorrida em 1819 através da Resumption Act (Lei da Retomada). Com isso, foi inaugurado o padrão ouro moderno, superando as dificuldades técnicas à medida que a qualidade do ouro passou a ser uniforme e de elevado grau de pureza. As medidas britânicas de retomada do padrão ouro foram seguidas pelos demais países capitalistas como forma de integrarem as redes financeiras e comerciais da Grã-Bretanha e, assim, obterem benefícios. De forma espontânea, os principais países do sistema se adequaram ao padrão ouro ao longo do século XIX e, finalmente, por volta das décadas de 1870/1880, nasceu o sistema monetário internacional de fato, dando suporte a uma crescente integração econômica.

O padrão ouro britânico trouxe consigo a ideologia liberal de que os mercados se autorregulam e naturalmente atingem o equilíbrio, obtendo a melhor alocação de recursos. Assim, o livre-comércio e fluxos financeiros apareceram como uma boa forma de permitir que o equilíbrio natural aconteça, uma prática seguida especialmente pela Grã-Bretanha. E como isso afetou o funcionamento do sistema monetário internacional? Seguindo, por exemplo, a lógica de um país superavitário em relação ao exterior, esse país acumula reservas em ouro, eleva a oferta de moeda na economia (o que depende da quantidade de ouro) e eleva os preços internos sem afetar o lado real da economia, deixando os produtos do exterior mais baratos do que os nacionais, levando a um equilíbrio a longo prazo, que pressupõe zerar o superávit. Se o país é deficitário, ocorre exatamente o contrário, mas a longo prazo também zera o déficit. Esse mecanismo é denominando *price-specie-flow mechanism*, baseado no escrito *Of the Balance of Trade*, de David Hume, de 1752.

Esse modelo de ajuste externo no padrão ouro é simples? Sim, mas também muito forte a ponto de ser adotado pelos demais países, apesar de modificações posteriores para contemplar os fluxos de capitais. Sua lógica básica prevaleceu até a eclosão da Primeira Guerra Mundial em 1914. Outro aspecto presente é o controle do nível de preços interno, pois a conversibilidade da moeda nacional em ouro permite ter um parâmetro para a autoridade monetária intervir no mercado. Ou seja, pode parecer estranho, mas a principal missão da autoridade no padrão ouro é manter a conversibilidade da moeda nacional em ouro a uma taxa fixa, pois o resto é ajustado naturalmente, inclusive mantendo o nível de preços controlado.

Na época, o padrão ouro funcionava relativamente bem ao permitir a integração crescente da economia mundial, tanto comercial quanto financeiramente, em uma escala nunca antes vista, a ponto de introduzir o movimento que é denominando por muitos como a *primeira era da globalização*. Simultaneamente, proporcionava estabilidade de preços aos países do sistema e uma ação coordenada para atingir objetivos comuns em busca da estabilidade. Entretanto, os países periféricos da América Latina e Europa Oriental sofriam com instabilidades frequentes derivadas dos abruptos movimentos de capitais especulativos. Outro problema é que a busca por manter o padrão ouro levava a recorrentes episódios de deflação, como a Grande Depressão do século XIX, que se estendeu entre as décadas de 1870 e 1890.

Você deve estar se perguntando se todos os países seguiam a risca as recomendações e regras implícitas do padrão ouro. A resposta é bem direta: não. Principalmente os países centrais do sistema (França, Grã-Bretanha e Alemanha) frequentemente quebravam as regras em busca de objetivos internos por curtos períodos, tomando o cuidado de não chegar ao ponto de romper o sistema. Em casos de emergências nacionais, como guerras, também era comum ignorarem as regras do padrão ouro, como fez os Estados Unidos durante a sua Guerra Civil (1861-1865).

Na Era do Padrão Ouro (1880-1914), ganharam forças as

sementes da destruição da civilização do século XIX e de toda a integração econômica mundial sob a liderança britânica, através da emergência de duas superpotências mundiais: Alemanha e Estados Unidos. Ambas eram cada vez mais fortes e não tão simpáticas à ideia de livre mercado e autossacrifício para sustentar o sistema, colocando-se como prioridades de sua política econômica. Nesse cenário, ganhavam força o nacionalismo e a tensão entre as potências, contrapondo na Europa a Grã-Bretanha e a Alemanha, o que resultou, em 1914, na eclosão da Primeira Guerra Mundial*.

7.1.2 Período entre Guerras (1918-1939)

Como vimos no item anterior, a eclosão da Primeira Guerra Mundial levou à implosão da integração econômica mundial construída ao longo do século XIX, implicando a destruição de um dos seus principais instrumentos de suporte, que é o sistema monetário internacional baseado no padrão ouro. As consequências citadas tiveram como origem o fato de a guerra ter como atores principais as potências europeias e ocorrer no centro do capitalismo mundial na época: a Europa. A estrutura da economia mundial também foi modificada pelo conflito, destruindo a Alemanha como potência mundial e deslocando o centro dinâmico da Europa para os Estados Unidos.

---

* A guerra ocorreu entre a Tríplice Entente liderada pela Grã-Bretanha e tendo como aliados a França, a Rússia (até 1917) e os Estados Unidos (a partir de 1917), e Tríplice Aliança, liderada pela Alemanha e tendo como aliados o Império Austro-Húngaro e o Império Turco-Otomano. A Tríplice Entente venceu a Tríplice Aliança, tendo como palco principal a Europa continental e mares próximos.

Assim, ocorreu o enfraquecimento dos países europeus que tiveram a sua economia arrasada tanto física quanto financeiramente, pois se endividaram para sustentar o esforço da promoção da autodestruição mútua. Por outro lado, os Estados Unidos exerceram o papel de fornecedor de insumos materiais e recursos financeiros para a Grã-Bretanha e seus aliados, acumulando crescentes superávits com o exterior e liquidação do seu endividamento externo. Esse fato permitiu a compra de ativos europeus em território norte-americano e ao redor do mundo, solidificando a modificação da sua posição de maior devedor para maior credor do mundo, ganhando importância na liderança econômica mundial.

Entre os países europeus enfraquecidos, o destaque foi a Grã-Bretanha, que, apesar de não terem ocorrido batalhas terrestres em seu território, foi a comandante de todo o esforço de guerra e arcou com o ônus financeiro para barrar a Alemanha, inclusive dando suporte financeiro aos aliados mais fracos como, por exemplo, a Rússia. Para isso, os britânicos foram obrigados a liquidar os seus ativos no exterior, sendo estes comprados em boa parte pelos norte-americanos, e contrair empréstimos nos mercados financeiros de Nova York e Chicago. Assim, como você pode perceber, a Grã-Bretanha não era a mesma de antes da guerra, pois estava enfraquecida, assim como as suas redes comerciais e financeiras.

A reconstrução do sistema monetário internacional foi encarada como um pressuposto para dar suporte à consolidação de uma nova integração econômica mundial, em que a maioria dos países considerava que o padrão ouro seria a fórmula ideal e traria tantos benefícios quanto antes da guerra. Esse pensamento dominante se tornou um plano palpável na Conferência de Gênova em 1922, reunindo as principais nações da época. Na Conferência, dois países se destacaram como líderes: Estados Unidos e Grã-Bretanha. Os Estados Unidos apareciam como uma potência emergente, cada vez mais forte, que transplantava o seu poder regional para a esfera mundial. A Grã-Bretanha figurava como a potência líder e enfraquecida, mas que fez questão de trazer para si a responsabilidade de liderar a retomada do padrão ouro.

Por que a Grã-Bretanha desejava liderar a retomada do padrão ouro e arcar com os ônus implícitos mesmo estando enfraquecida? Existem muitas respostas possíveis, mas a principal é que os britânicos julgavam que liderar a retomada do padrão ouro era parte de sua estratégia de retornar a posição de grande potência hegemônica. Entretanto, em 1925, quando começaram a retornar a paridade, de antes da guerra, da libra com o ouro, era necessário que os britânicos adotassem uma aguerrida política deflacionista, que prejudicava o setor produtivo e abria margem para movimentos especulativos, enfraquecendo ainda mais a Grã-Bretanha. Ao mesmo tempo, os mercados financeiros de Paris e Nova York se beneficiavam e atraiam capitais que anteriormente tinham como praça principal Londres. Você deve ter percebido que o cenário descrito não era nada simpático aos planos britânicos, mas provavelmente a maioria dos britânicos na época ainda acreditava ser possível reverter a situação. Então, a política de retomada do padrão ouro prosseguia.

Do outro lado do Oceano Atlântico, os Estados Unidos despontavam como uma potência de poder crescente, consolidando-se como a grande potência industrial do mundo. As suas empresas acentuavam a tendência de serem multinacionais, chegando a substituírem o papel de intermediário financeiro em algumas regiões como, por exemplo, a América Latina, antes intermediada pelos europeus. Além do mais, eram os grandes fornecedores e financiadores da reconstrução europeia, acentuando a sua posição de credor internacional. Contudo, mantinham o seu ranço protecionista, impedindo que a integração comercial ocorresse e a liquidez mundial circulasse como antes da guerra, gerando dificuldades para que os europeus tivessem recursos para liquidar as suas dívidas.

O cenário descrito não era nada simpático à integração econômica mundial e à reconstrução do sistema monetário internacional, passando a ser cada vez mais nebuloso. A nebulosidade não era formada por nuvens inofensivas, mas apenas uma prévia do que viria a ser uma grande tempestade na década de 1930. A eclosão da Grande Depressão da década de 1930, tendo como marco inicial a quebra da bolsa de Nova York, em 1929, precipitou o início de ataques especulativos sistemáticos contra o padrão ouro, fazendo uso da livre circulação de capitais. O resultado é que os países foram obrigados a optar entre dois caminhos. Um consistia na manutenção do padrão ouro, que amarrava a sua capacidade em administrar as suas políticas macroeconômicas e, assim, elevava o desemprego e a recessão. O outro era abandonar o padrão ouro e praticar medidas para defender os seus trabalhadores e indústria. A opção da maioria foi preservar as suas economias nacionais, desvalorizando a sua moeda em relação ao ouro, o que foi chamado de *desvalorizações competitivas*, sendo estas conjugadas com políticas protecionistas que impossibilitaram a integração econômica. Na verdade, o resultado foi a criação de países quase autossuficientes em um ambiente propício a choques entre potências, resultando na Segunda Guerra Mundial em 1939*.

Na década de 1930, quando os países passaram a se importar mais com a preservação de suas economias nacionais e o bem-estar da população do que preservação do padrão ouro, as políticas de intervenção estatal denominadas genericamente *keynesianas*** ganharam força. As primeiras potências que fizeram uso mais aprofundado dessas políticas foram os Estados Unidos, através do plano de recuperação denominando New Deal, e a Alemanha nazista, ambos no começo da década de 1930.

7.1.3 Bretton Woods (1945-1973)

A eclosão da Segunda Guerra foi o ápice do colapso da integração econômica mundial sob a égide do padrão ouro e de outras recomendações liberais que funcionavam relativamente bem antes de 1914. Contudo, depois da guerra, os países aliados liderados pelos Estados Unidos começaram a desenhar como seria o processo de reintegração da economia mundial e o sistema monetário internacional que lhe

---

* A Guerra foi o maior conflito bélico da humanidade, contrapondo os países do Eixo (Alemanha, Itália e Japão) e os Aliados (Grã-Bretanha, França, Estados Unidos, União Soviética, entre outros).

** A denominação se deve às ideias propaladas pelo escocês Jonh Maynard Keynes, que foi um dos mais famosos defensores desse tipo de intervenção dentro das necessidades da época, sintetizadas no seu livro *Teoria Geral do Emprego, Juros e Moeda*, publicado em 1935. Entretanto, as ideias desse gênero já permeavam muitos governos e gestores públicos da época.

daria suporte. É claro que havia os aspectos negativos do período entre guerras e a inadequabilidade do padrão ouro para o novo momento da economia capitalista, além de a distribuição de poder mundial estar cada vez mais centrada nos Estados Unidos. Dessa forma, os países pensaram como uma pessoa que tenta não repetir os erros do passado, ou que teve graves problemas financeiros no passado e provavelmente tentaria não repeti-los no futuro.

O Acordo de Bretton Woods, realizado em julho de 1944, no *Mount Washington Hotel*, cidade de Bretton Woods, Estados Unidos, traçou a arquitetura da reconstrução do sistema monetário internacional entre os vencedores da guerra. Nessa arquitetura, eram contemplados regras, procedimentos regulatórios e instituições guardiãs desse modelo de integração que mais tarde viria a se chamar *Sistema de Bretton Woods*. Duas instituições complementares foram criadas em Bretton Woods. Uma foi o Banco Mundial, mais tarde seguido por bancos regionais de desenvolvimento* com o objetivo de financiar o desenvolvimento de longo prazo dos países e, por consequência, a maior igualdade econômica, instigando um maior bem-estar em nível mundial e a integração econômica. A outra foi o Fundo Monetário Internacional (FMI), com o objetivo de dar suporte aos países em relação a dificuldades econômicas de curto prazo, como, por exemplo, recursos para superar crises externas provocadas por falta de divisas fortes. Esse fundo também foi responsável pela manutenção do Sistema de Bretton

---

* Um exemplo é o Banco Interamericano de Desenvolvimento (BID), que é uma instituição interamericana, com sede em Washington, criado em 1959, cujo objetivo é promover o desenvolvimento de longo prazo dos países das Américas.

Woods e, principalmente, do seu sustentáculo que é o padrão ouro-Dólar e o sistema de taxas de câmbio fixas.

Você deve estar se perguntando se esse padrão ouro-Dólar é semelhante ao padrão ouro que estudamos no período anterior. Na verdade, as respostas seriam sim e não. Isso porque o único país que realmente está no padrão ouro são os Estados Unidos, desfrutando de um enorme poder econômico-financeiro, detendo a maioria das reservas de ouro do mundo, uma capacidade singular de financiar a reconstrução europeia e japonesa, o desenvolvimento dos países periféricos e proteger o mundo capitalista da União Soviética e do comunismo. Dessa forma, os norte-americanos se comprometeram a garantir a paridade entre dólar e ouro na proporção de 35 dólares por onça troy*. Isso não representa um grande esforço dado seu poder acumulado, mas sim uma forma de trazer para si o comando do sistema monetário internacional na medida em que o Dólar passou a ser sua moeda base, e o sistema financeiro norte-americano, o Federal Reserve (FED), o seu centro de decisão.

Havia um diferencial em relação ao padrão ouro tradicional na medida em que os demais países mantinham a sua moeda nacional em um câmbio fixo em relação ao Dólar, mas esse câmbio poderia ser ajustado se houvesse "desequilíbrios fundamentais", tais como déficits ou superávits persistentes. Além disso, os países podiam optar por manter reservas em dólares, podendo ser trocados por ouro, mas este ficaria estocado nos Estados Unidos e seria o lastro para a emissão de dólares. Outro aspecto diferencial é que são levantados

---

* Uma onça troy equivale a 31,1034 gramas.

controles de fluxo de capitais de curto prazo e especulativos, pois poderia ser gerada instabilidade e ser inviabilizada a manutenção das taxas de câmbio fixas.

Os outros países que participavam das discussões de Bretton Woods aceitaram de bom grado essa liderança norte-americana sem questionar ou propor algo diferente? Na verdade, não. As duas propostas prevalecentes nas discussões eram a britânica e a norte-americana. A britânica, ou Plano Keynes, enfatizava a necessidade de criar um sistema que focasse no ajuste externo e, assim, não incentivasse ou permitisse que os países tivessem grandes superávits ou déficits de forma persistente. Implícito estavam as preocupações decorrentes dos seus crescentes déficits externos que vinham desde a década de 1920, acentuados com o esforço de guerra e provavelmente pelos custos da reconstrução e tentativa de manter seu império colonial. A norte-americana, ou Plano White, mesmo nome do secretário de tesouro norte-americano que formatou o plano, enfatizava a necessidade de uma moeda forte para viabilizar a integração econômica mundial que ia em consonância com os interesses norte-americanos de potência hegemônica. Para explicar melhor as vantagens que os norte-americanos viam em ter a sua moeda como base do sistema monetário internacional, é interessante recorrer à concepção de núcleo-periferia.

A concepção núcleo-periferia dentro do sistema monetário internacional é citada por muitos macroeconomistas internacionais como, por exemplo, Barry Eichengreen. Dentro dessa visão, o núcleo é formado pelos Estados Unidos por o país deter a moeda base do sistema, o Dólar, e comandar os rumos da política monetária mundial. Os benefícios estão ligados à facilidade de obtenção de financiamento para sustentar níveis de consumo superiores ao que conseguiriam por seus próprios meios, tanto privados quanto públicos, refletindo na possibilidade de sustentar déficits externos e estatais persistentes. Além das vantagens que as empresas norte-americanas têm em se internacionalizarem, comprando concorrentes estrangeiras, elas realizam investimentos produtivos, presentes nos Estados Unidos, mas, na prática, suas ações políticas e militares percorrem o mundo. As vantagens descritas são importantes não só para o público interno, mas também para comandar o esforço ocidental frente à Guerra Fria e contra a União Soviética.

Pode parecer estranho, mas a periferia era formada pelos países da Europa Ocidental e Japão. Por quê? Ambos estavam destruídos pela guerra e precisavam de recursos e apoio para se reconstruir, sendo os Estados Unidos o único país capaz disso. Assim, mesmo os aliados norte-americanos da Europa, especialmente a Grã-Bretanha e França, acabaram aceitando o plano norte-americano por necessidade. A periferia precisava captar recursos em dólares através, por exemplo, de planos de assistência (por exemplo, o Plano Marshall, voltado para a reconstrução europeia), atração de investimentos privados e exportações para os Estados Unidos. Assim, era permitido que houvesse reservas para custear as importações dos produtos básicos para a sua reconstrução, também promovendo a integração das economias do Japão-Estados Unidos-Europa. E o Brasil e outros países? São considerados tão pequenos e pouco integrados que ainda não entravam nessa concepção, ganhando importância a partir da década de 1970 como principais pilares de sustentação da posição nuclear norte-americana. No próximo item vamos explorar esses aspectos.

Nos anos de 1950, o Sistema de Bretton Woods funcionava relativamente bem, seus objetivos estavam sendo atingidos e a integração econômica mundial começava a ressurgir com força. Entretanto, ao mesmo tempo, a posição dos Estados Unidos começou a sofrer alterações, as reservas de ouro começaram a cair e os grandes superávits externos estavam se transformando aos poucos em déficits. Na periferia, os países europeus passaram a ter suas moedas novamente conversíveis em ouro a partir de 1958, e o Japão, em 1964. A oferta crescente de dólares no mundo e a existência de moedas conversíveis, sobretudo na Europa, mesmo com as regulamentações, passaram a dar margem a ondas especulativas vistas como forma dos seus detentores de obterem ganhos por meio da arbitragem, inclusive envolvendo muitos norte-americanos que fugiam das amarras do sistema financeiro dos Estados Unidos para especular na Europa. Isso conjugado com outros fatores levou a ondas especulativas contra o padrão ouro-Dólar, questionando a sua sustentabilidade já no começo da década de 1960. A partir de então, esse questionamento foi acentuado, levando investidores e países a fugirem do Dólar e buscar refúgio no ouro. Porém, os norte-americanos não tinham ouro suficiente para manter a paridade acordada em Bretton Woods, alimentando ainda mais a desconfiança e acentuando os ataques especulativos. O desfecho foi a desvalorização do Dólar em relação ao ouro em 1971 e, em 1973, o abandono do padrão por total impossibilidade de os Estados Unidos o sustentarem devido ao alto custo para a economia norte-americana, decretando, assim, o fim do Sistema de Bretton Woods.

Por que os Estados Unidos resolveram abandonar o padrão ouro? O motivo originário são as suas crescentes debilidades externas e déficits estatais para sustentar a luta contra a União Soviética e o comunismo, tal como manter os programas sociais internos. Houve a perda das reservas persistentes de ouro e a consequente insustentabilidade do padrão ouro-Dólar a longo prazo, denotando desconfiança sobre a viabilidade, no que se denominou *Dilema de Triffin*. Outro fator é que a manutenção do padrão ouro-Dólar em meio a ataques especulativos representava sacrifícios muito grandes à economia norte-americana frente aos poucos benefícios.

7.1.4 Pós-Bretton Woods (1973 – dias atuais)

O colapso do Sistema de Bretton Woods foi originado na alteração da estrutura econômica mundial com a consolidação dos países europeus e Japão como potências após o processo de reconstrução estar no último estágio. Mesmo depois de os Estados Unidos abandonarem o padrão ouro em 1973, o Dólar continuou sendo a base do sistema monetário internacional, mas sofrendo uma crescente concorrência do marco alemão e do iene japonês. Contudo, ambas as moedas não conseguiram substituir o Dólar no âmbito mundial porque ainda não tinham a mesma escala de inter-relações econômicas e fluxo de capitais com o exterior quando comparadas à moeda americana. Assim, os Estados Unidos abandonaram o padrão ouro, livrando-se das amarras da sua gestão macroeconômica, e sustentaram as vantagens de ser o núcleo.

Agora, você deve estar se perguntando se os Estados Unidos e os seus aliados não quiseram criar um "novo" Acordo de Bretton Woods. A resposta é sim. Entretanto, os norte-americanos não aceitavam qualquer proposta que os deslocassem da posição nuclear do sistema monetário internacional, e os europeus queriam um mundo mais multipolar e se beneficiar de serem países nucleares do sistema. O resultado das conversações na década de 1970 era previsível e fracassou. Ainda, nas últimas reuniões do FMI sobre o "novo" Acordo de Bretton Woods em 1979, o então presidente do Federal Reserve, Mr. Paul Volcker, abandonou as conversações e reafirmou a posição norte-americana de fortalecer o Dólar e controlar a inflação de seu modo. A inflação no mundo vinha tornando-se preocupante desde a década de 1960, mas virou realmente uma ameaça na década de 1970 com o advento dos Choques do Petróleo*, além das políticas de incentivo à demanda agregada que não funcionaram tão bem quanto antes, passando a gerar mais inflação do que aumento de produção.

A partir desse episódio, Mr. Paul Volker passou a promover a elevação crescente nas taxas de juros norte-americanas, visando controlar a inflação em alta, atrair capitais de curto prazo para financiar o setor externo e estatal norte-

---

* Os Choques do Petróleo podem ser sintetizados em dois fatos. O primeiro ocorreu em 1973 quando a Organização dos Países Exportadores de Petróleo (Opep), comandada pelos árabes, que detinha grande parte da produção mundial de petróleo, promoveu deliberadamente o aumento de preços em virtude da retaliação ao apoio norte-americano e ocidental a Israel durante a Guerra do Yom Kippur (1973), resultando na vitória israelense sobre os países árabes da região. O segundo ocorreu em 1979 com a desorganização da produção petrolífera iraniana em virtude da emergência de instabilidades políticas que levaram ao poder um governo islâmico anti norte-americano, agravado pela guerra com o Iraque, outro importante produtor mundial, na década de 1980.

americano e, indiretamente, fortalecer o Dólar como uma divisa internacional e a posição de comando do sistema financeiro mundial. Até o começo da década de 1980, as aspirações norte-americanas se concretizaram, tendo três consequências aparentes. A primeira foi provocar uma profunda recessão tanto na economia norte-americana quanto mundial. A segunda foi o início do movimento de desregulamentação financeira e implantação de taxas de câmbio flexíveis, em que a liberdade do fluxo de capitais passou a imperar. Por último, os países periféricos acentuaram o seu endividamento externo na década de 1970, especialmente devido à grande oferta de capitais em petrodólares e eurodólares a baixas taxas de juros, mas quando os norte-americanos elevaram as suas taxas de juros, o custo dos empréstimos se tornou estratosférico, levando países como Brasil e México a decretarem moratória na década de 1980 e repensarem o seu modelo de desenvolvimento (ver o item 6.3).

Ao longo da década de 1980 e 1990, o efeito dessa política norte-americana de fortalecimento do Dólar e manutenção de seu controle sobre as finanças internacionais levou aos seguintes efeitos:

> Ocorreu aprofundamento da desregulamentação financeira interna e externa, elevando a liberdade de movimentação de capitais pousada sobre a hipótese de que o livre mercado se encarregaria de se autorregular e dar mais estabilidade ao sistema, além de considerar que o seu controle por parte do Estado era praticamente impossível. Porém, o que se viu foi o acirramento das instabilidades e ataques especulativos, especialmente sobre países emergentes.

> Os Estados Unidos se consolidaram como o grande

deficitário da economia mundial, sustentando recorrentes déficits externos e estatais, fazendo uso das suas vantagens de ser o país central do sistema. Também constituía o país menos arriscado para investimentos financeiros do sistema porque a sua moeda é a mesma que a da maioria das transações internacionais, tornando impossível a falta de dólares para liquidar seus débitos externos.

> Os países emergentes, especialmente os asiáticos, praticaram políticas de atração e acúmulo de dólares (por exemplo, incentivo às exportações e atração de investimentos) a fim de proporcionar maior estabilidade frente à economia mundial e viabilizar o seu desenvolvimento. Esses dólares foram reemprestados aos Estados Unidos com o objetivo de depositá-los em um país considerado o mais seguro do sistema.

> O FMI passou a ser cada vez mais um gestor de crises externas, contando com o apoio e direcionamento dos norte-americanos que proporcionavam recursos em dólares e as receitas que precisavam ser seguidas pelos países em dificuldades. Por exemplo, o órgão atuou fortemente na crise asiática da segunda metade de década de 1990 e nos países da América Latina no mesmo período (ver item 6.3, que trata especificamente do Brasil).

> Os países da União Europeia buscaram criar uma coordenação das políticas macroeconômicas tentando se proteger das instabilidades do sistema e desfrutarem das vantagens de deterem uma moeda forte e bem aceita no mercado internacional, ainda contando com as vantagens de ser tão interligados com o resto do mundo quanto os Estados Unidos. Isso culminou com a criação da moeda comum europeia

denominada *Euro* (ver item 7.2).

Nesse contexto, percebemos que a relação núcleo-periferia também se alterou. O núcleo continua sendo os Estados Unidos, desfrutando de suas vantagens descritas no item anterior. A periferia deixou de ser a Europa e Japão e passou a se consolidar nos países emergentes, especialmente os asiáticos, que buscaram implementar políticas econômicas que captem dólares no cenário internacional, tendo como motivação viabilizar o seu desenvolvimento e se proteger das instabilidades globais. Por outro lado, continuam reemprestando suas reservas para os norte-americanos sustentarem seu nível de consumo e de gastos, empréstimos estes que acabam sendo usados para recomprar bens e serviços dos países periféricos. Nesse fluxo, as indústrias mais intensivas em mão de obra e com produtos de baixa e média tecnologia veem vantagens em se transferir para fora dos Estados Unidos, como também, empresas desses países periféricos veem vantagens em oferecer seus produtos no mercado norte-americano. Como exemplo de fato baseado na motivação dessas vantagens, houve a criação de um centro de desenvolvimento de *software* e a transferência da indústria de *telemarketing* dos países anglo-saxões para a Índia devido ao menor custo.

Outro efeito recente foi impulsionar a transferência de centros de pesquisas de multinacionais para a periferia e a criação de grandes multinacionais dos países periféricos, tanto nas áreas tradicionais, como mineração, quanto de alta tecnologia. Em relação a setores tradicionais, como mineração e siderurgia, pode ser citado como exemplo a brasileira Vale. Setores de produtos de alta e média tecnologia podem ser exemplificados pela coreana LG e o conglomerado de empresas automobilística e naval Hyundai, além de conglomerados que trabalham nos mais diferentes ramos da indústria e são grandes *players* do mercado mundial, como a indiana Tata.

E o que aconteceu com a Europa e o Japão? Passaram a ocupar uma posição intermediária cada vez mais próxima do centro. O Japão continua tendo a sua economia muito atrelada à norte-americana, que é o seu principal mercado, acumulando grandes superávits e reservas em dólares para não desequilibrar a sua economia, mesmo sendo o Iene uma moeda valorizada e forte, também se integrando aos demais países emergentes da região do Sudeste Asiático. Os países europeus caminharam para a sua integração econômica mais profunda a fim de se proteger das instabilidades globais e exercer um papel ativo dentro do sistema monetário internacional. Isso é sintetizado na criação da União Europeia e do Euro como sua divisa, que tenta disputar espaço com o Dólar no mercado internacional como uma moeda forte e desejável para lastrear as transações. O que vem sendo verificado na maior proporção de euros nas reservas cambiais russas, devido aos pagamentos de petróleo e gás feitos pela Europa serem realizados em euros e não mais em dólares.

O questionamento que deve estar rondando a sua mente depois de ler esse item é se esse sistema se sustenta por muito tempo. A reposta é *talvez*, e as mudanças ocorrem o tempo todo. É fundamental para que ele funcione de alguma forma que os interesses mútuos, mesmo que aparentemente conflitantes, sejam equacionados. No momento, não há grandes interesses de alterá-lo, ou seja, retirar a posição central dos Estados Unidos e do Dólar no sistema monetário internacional na medida em que a periferia se beneficia. O que há são os primeiros sinais de que uma mudança profunda pode ocorrer ao longo dos anos, como:

› Países periféricos (por exemplo, Brasil) começam a se tornar credores do FMI e exigem maior poder no âmbito das decisões globais do Fundo e nos rumos do sistema monetário internacional.

› A estrutura econômica dos países considerados periféricos passa a ser robusta e cada vez mais semelhante a dos países centrais do capitalismo. Por exemplo, detendo grandes empresas de atuação global nas variadas áreas, centros de pesquisa e desenvolvimento avançados, maior integração com a economia global e moedas nacionais fortes.

› Países que detêm enormes reservas em dólares, como, por exemplo, a China, podem influenciar o rumo do Dólar no âmbito internacional, inclusive podendo afetar a gestão interna da economia norte-americana à medida que podem escolher entre financiar ou não os déficits dos Estados Unidos, visando ao seu próprio interesse.

Enfim, a dinâmica do sistema monetário internacional funciona relativamente bem para todos os envolvidos, pois responde aos seus anseios presentes. Porém, a longo prazo, a tendência é que essa dinâmica se altere ou ganhe um desenho totalmente diferente.

7.2 moedas e uniões monetárias

Aqui vamos abordar um tema adjacente ao sistema monetário internacional, que é a questão da moeda e das uniões monetárias. Assim, você poderá, ao fim deste item, identificar o que é uma moeda forte ou fraca, para que servem as uniões monetárias e aspectos que vão muito além da mera informação das taxas de câmbio diárias divulgadas pela mídia. Portanto, vamos começar a nossa jornada pelo papel da moeda e, depois, falaremos das uniões monetárias.

7.2.1 Moedas

A primeira coisa que você deve ter em mente para tratar da moeda no cenário internacional é uma questão básica e corriqueira: por que algumas moedas são mais aceitas que outras para lastrear as transações internacionais? Isso está diretamente ligado ao posicionamento do país frente ao sistema monetário internacional, que lembra diretamente a relação núcleo-periferia que abordamos no item 7.1. Antes de aprofundarmos isso, vamos responder a pergunta inicial.

Para uma moeda ser desejável para lastrear os contratos que envolvem transações internacionais, ela precisa ser de um país que detenha uma solidez política e econômica muito grande. Por quê? O primeiro motivo refere-se ao risco de que, se um Estado nacional desaparece ou entra em uma grave crise interna, o dinheiro pode de uma hora para outra não valer mais nada, pois o antigo Estado garantidor não existe mais ou não se responsabiliza pela moeda. O segundo parte do princípio de que é necessário manter a credibilidade da moeda com base no fato de o país de origem estar mais protegido de qualquer instabilidade e estar disposto a enfrentar problemas, como a inflação, de maneira dura. Sendo assim, dificilmente vai ser lavrado um contrato internacional em guaranis paraguaios, pois a moeda não tem como base de apoio um Estado forte o suficiente para lhe dar estabilidade no longo prazo. Por outro lado, é comum realizar transações usando como base moedas de países desenvolvidos, como a Libra britânica, o Iene japonês, a Coroa sueca etc.

Nesse caso, entramos em outra questão: como escolher certa moeda para basear as transações internacionais se ambas são lastreadas por países sólidos? Simples, o país que detém maior escala econômica e mantém fortes laços econômicos através de fluxos de investimentos e pagamentos de importações, por exemplo, tende a ter facilidade de ter a sua moeda aceita no mercado internacional. Afinal, é muito mais fácil o devedor conseguir recursos em dólares para liquidar a sua dívida do que em coroas suecas ou em ienes japoneses. Nesse contexto, você pode perceber que a grande escala de transações econômicas que os norte-americanos realizam, especialmente sendo os maiores compradores do mundo, ajuda com que o Dólar seja a moeda mais aceita no mundo para lastrear transações econômicas, mesmo não envolvendo diretamente os Estados Unidos. Recentemente, a União Europeia, com o Euro, tem conseguido ter uma escala econômica e relações com o resto do mundo que permite que os euros circulem e sejam bem aceitos globalmente. Tanto é que a Rússia, uma grande fornecedora de petróleo e gás para a Europa Ocidental, recebe o pagamento em euros e, assim, consegue manter grandes reservas dessa moeda. É claro que o arranjo regional também influi. Por exemplo, nos anos recentes, o governo Lula tem promovido junto a outros países emergentes, como a China, acordos que visam que os pagamentos possam ser feitos em moedas locais em substituição ao Dólar norte-americano.

E os países que não têm moedas fortes? A maioria é obrigada a manter reservas cambiais em moedas bem aceitas, sobretudo dólares, para viabilizar as suas transações internacionais na medida em que os contratos não são fechados em sua moeda nacional. Dessa forma, são obrigados a praticarem políticas que visam à captação dessas reservas, tais como exportações e atração de investimentos externos. Essa captação é considerada um lastro ou seguro contra ataques especulativos e contágio de crises mundiais. Isso é exatamente o que países grandes produtores, como os asiáticos e o Brasil, fazem. Outro fator que pode levar os países a acumularem reservas em moeda estrangeira é o objetivo de esterilizar a entrada de grandes quantidades devido a superávits crônicos com o setor externo, evitando a valorização excessiva da moeda nacional e seus efeitos deletérios sobre a indústria e o setor real da economia. Um exemplo disso é o Japão, que, mesmo tendo uma moeda muito forte, que é o Iene, mantém grandes reservas em dólares devido aos superávits crônicos com os Estados Unidos.

Dentro da discussão sobre moeda forte e fraca, também está presente a relação núcleo-periferia sobre a qual falamos no item 7.1. O núcleo é formado pelos países que detêm moedas fortes e têm facilidade em financiar o seu consumo, pois os contratos são lavrados com base em sua moeda e, assim, não existe o risco de falta de reservas para efetuar o pagamento. A periferia tem dificuldade em ter acesso a sua própria moeda; parece estranho, mas é isso mesmo, pois precisa acumular divisas em outras moedas consideradas fortes para conseguir fechar contratos internacionais, também implicando praticar políticas que permitam captar essas divisas. É claro que essa divisão entre moeda fraca e forte pode ser bem subjetiva na medida em que depende de questões regionais, e percepções em relação a países são dinâmicas. Por exemplo, há alguns anos seria impensável cogitar a possibilidade de usar a moeda brasileira em transações internacionais, mas hoje é uma hipótese que pode ser considerada.

7.2.2 Uniões monetárias

Até agora estudamos a trajetória do sistema monetário internacional e o papel da moeda nacional para viabilizar as transações mundiais. Neste momento, podemos dar mais atenção a um aspecto peculiar que permeia o sistema monetário internacional: as uniões monetárias. E o que são? Ora, uma resposta bem simples é que dois ou mais países buscam utilizar a mesma moeda (ou alguma forma de homogeneização entre moedas diferentes), visando a uma unificação política ou proteção contra as instabilidades financeiras. O exemplo mais recente é a moeda da União Europeia, o Euro, mas o fenômeno em si não é tão recente na medida em que países importantes como Alemanha e Estados Unidos promoveram uniões monetárias a fim de se solidificar como potências econômicas.

Antes de falar do presente, vamos retornar ao século XIX quando ocorreram as uniões monetárias da Alemanha e Estados Unidos. Apesar das diferenças, ambos os países tiveram que dar suporte à criação de uma nação e de uma moeda forte que solidificasse a integração econômica e a identidade nacional. A Alemanha é uma nação muito antiga, mas o processo de unificação dos pequenos Estados alemães ganhou força após as Guerras Napoleônicas e se consolidou apenas em 1871. Nesse contexto, a crescente interligação econômica criou a necessidade de que as moedas regionais fossem eliminadas em nome de uma moeda comum, que seria o Marco. Simultaneamente, ao processo de unificação nasceu o Banco Central Alemão, surgindo a necessidade da homogeneização das políticas fiscais e monetárias dos Estados-membros. Nos Estados Unidos, a história foi um pouco diferente por ser um país de dimensões continentais, onde, no século XIX, era praticamente impossível apenas um Banco Central controlar toda a política monetária. A solução encontrada foi criar bancos centrais regionais para estabelecer prioridades para as suas regiões com certa autonomia. Entretanto, o Federal Reserve, para coordenar a ação desses baços regionais, nasceu apenas no começo do século XX, e somente após a grande depressão é que muitas das liberdades desses bancos foram ceifadas. Contudo, ainda hoje, o Dólar impresso em qualquer banco central regional vale igualmente.

No século XIX, também foi firmada a União Monetária Latina (1865-1927) entre França, Bélgica, Itália e Suíça, que buscava manter as suas moedas relativamente equânimes em relação ao ouro, mais tarde tendo a participação eventual de outros países europeus. O objetivo dessa união, diferentemente da realizada na Alemanha e nos Estados Unidos, não era fortalecer uma nação e um poder central, mas sim facilitar trocas, proporcionar proteção contra eventuais crises financeiras e, ainda, ser palco da área de influência monetária francesa. Isso não teve uma duração muito longa, pois não existia um poder central e nem a intenção de tê-lo para impor ações que preservassem a união monetária. Em 1927, quando o sistema não funcionava tão bem e os interesses dos países envolvidos passavam a ser conflitantes, a união foi dissolvida.

Quais lições podemos tirar desses casos? A primeira é que uma união monetária exige uma coordenação muito ampla das políticas macroeconômicas dos envolvidos, implicando também que os interesses individuais sejam equacionados em torno de um objetivo comum. Caso contrário, se cada membro achar que não está se beneficiando com a união monetária, e vê os seus interesses ignorados, tende a querer abandonar a união. A segunda é que as uniões monetárias entre países que são suportadas por uniões políticas tendem a dar melhor resultado do que apenas uniões monetárias entre países diferentes por interesses pontuais. Assim, um país, quando há um objetivo central, passa a ser a defesa do interessa nacional sintetizado em todos os membros, em que um poder central tem a capacidade e a autoridade de impor regras aos demais em nome dos objetivos em comum. Isso não ocorre em uniões de países diferentes, pois a qualquer momento um dos envolvidos pode se sentir ultrajado pelas determinações da autoridade central e não obedecer.

Agora vamos para o cenário atual, tomando como base o principal caso, que é o Euro. Essa moeda está lastreada na integração crescente, tanto política quanto econômica, dos países da União Europeia. Entretanto, apesar do esforço dos países de constituir um poder central que dê unidade e homogeneidade ao bloco, refletindo na criação do Banco

Central Europeu, os países ainda são muito fortes e não se veem submissos a uma autoridade central. Portanto, a coordenação entre as políticas macroeconômicas pode ser complicada em tempos de crise profunda, pois cada membro pode querer agir em função de seus interesses e relegar o interesse comum a um segundo plano. Isso pode ser um entrave ao fortalecimento do Euro como uma divisa internacional concorrente do Dólar, pois gera um fator de incerteza e instabilidade.

Os problemas enfrentados pela União Europeia podem se considerados pequenos quando comparados a ideia de criar moedas únicas em blocos econômicos como o Mercosul. Os países destes são muito diferentes em relação à estrutura econômica, à tributária, à monetária e aos interesses econômicos. Portanto, a criação de uma moeda comum tende a gerar graves problemas de implantação que podem levar ao seu fracasso. Além do mais, a moeda é um dos símbolos do poder nacional e da soberania na condução da política monetária, o que gera um entrave ainda maior para essas uniões monetárias entre países que não pretendem se unir politicamente.

7.3 Brasil e o sistema monetário internacional

Neste capítulo, até o momento, não abordamos profundamente a situação do Brasil frente ao sistema monetário internacional. Entretanto, agora vamos explorar esse aspecto em detalhes. Ao longo da existência do sistema monetário internacional, o Brasil sempre esteve na sua periferia, sendo frequentemente atingido por crises e instabilidades. Apenas recentemente, na década de 2000, a situação começou a se alterar e o país passou a ter uma participação ativa nesse sistema na medida em que se tornou credor internacional e detentor de grandes reservas em moeda estrangeira.

Durante o a Era do Padrão Ouro (1880-1914), o Brasil se posicionou na periferia do sistema monetário internacional, aderindo ao padrão ouro como era praxe na época. Ao mesmo tempo, aderiu aos conceitos liberais e à sua posição de fornecedor de matérias-primas, especialmente café, para as potências econômicas. Além disso, as esferas de governo estadual e federal eram dominadas pelas elites agrárias regionais, tendo a prevalência nacional da cafeeira, que direcionavam os esforços das políticas macroeconômicas para o seu benefício. Nesse cenário, o Brasil era assolado constantemente pelo problema de endividamento externo, sobretudo devido a empréstimos contraídos na city londrina e suscetíveis a grandes ataques especulativos oriundos dos movimentos de entrada e saída de capitais voláteis*. Lembramos que o Brasil, como parte da periferia, tinha muito menos margem de manobra para a sua política macroeconômica do que os países centrais.

Como vimos, a Primeira Guerra Mundial precipitou o colapso da Era do Padrão Ouro e daquele modelo de integração econômica mundial. No Brasil, a guerra levou ao início de um processo de substituição de importações de forma

---

* Uma das grandes crises do período foi a do Encilhamento, que ocorreu durante o governo provisório de Deodoro da Fonseca (1889-1891). A tentativa de industrialização pela política do Ministro da Fazenda, Rui Barbosa, adotou uma política monetária expansionista, desencadeando a especulação financeira, inflação e a criação de empresas fantasmas para obtenção de empréstimos. O resultado foi o crescimento da inflação, crise econômica e aumento da dívida externa, levando a uma política mais ortodoxa na gestão Joaquim Murtinho.

espontânea, pois tinha se tornado difícil obter os produtos industriais no mercado internacional. Simultaneamente, o país passou a se beneficiar da posição de fornecedor de insumos básicos para a Grã-Bretanha e seus aliados, deixando as suas finanças externas mais aliviadas, mas também ocorreu o redirecionamento da dependência financeira de Londres para Nova York. Na década de 1920, participou da tentativa de reconstrução do sistema monetário internacional e retornou ao padrão ouro como quase todos os países. Contudo, foi a grande depressão da década de 1930 que provocou instabilidades econômicas e políticas, levando à Revolução de 1930 que alçou Getúlio Vargas ao poder. Logo depois, o país passou a desvalorizar a sua moeda e praticar medidas protecionistas, agravadas pelo endividamento externo e falta de divisas para viabilizar importações. Isso também levou ao crescimento da indústria leve como forma de fugir das limitações de importar.

O advento da Segunda Guerra Mundial transformou o Brasil novamente em um grande fornecedor de insumos para os países aliados e deu a oportunidade de barganhar grandes investimentos visando à industrialização, como, por exemplo, a Companhia Siderúrgica Nacional, apoiada pelos norte-americanos. O país participou das discussões de Bretton Woods e se adequou ao padrão ouro-Dólar, mas a sua fragilidade externa recorrente derivada do modelo de desenvolvimento adotado levou a uma trajetória bem mais emocionante do que a dos países centrais, como os Estados Unidos. A abertura comercial da segunda metade da década de 1940 permitiu não só que as indústrias substituíssem o seu capital desgastado, mas também a importação de bens de consumo supérfluos, tendo como resultado a drenagem das divisas acumuladas ao longo da guerra e a implantação de políticas de restrição às importações ao endividamento e à fragilidade externa. Ao longo da década de 1950, a situação externa quase sempre foi complicada e passou a ser normal buscar apoio do FMI e renegociações da dívida externa, além de recorrer a desvalorizações cambiais e políticas protecionistas. Em paralelo, a inflação e a desorganização da política monetária começaram a tornar-se um problema cada vez mais sério.

Em 1964, quando os militares assumiram o poder, eles colocaram em prática um ambicioso plano de readequação da economia nacional para sanar os seus problemas econômicos, em que o combate à inflação era um dos focos, além de dar subsídios ao crescimento sustentado nos anos seguintes. Isso realmente ocorreu com o advento do "milagre" entre o fim da década de 1960 até o primeiro Choque do Petróleo em 1973. Nesse período, mesmo com o crescimento econômico acentuado, o país sofreu com desequilíbrios externos e endividamento devido à própria natureza do modelo de crescimento, que pressupõe a captação de poupança externa. Após o primeiro Choque do Petróleo, o modelo passou de alguma forma a ser questionado, mas o governo militar implementou seu prosseguimento. Além do mais, contava com a oferta de dólares no mercado internacional a baixas taxas de juros proveniente dos petrodólares e eurodólares, acentuadas pelo abandono do padrão ouro-Dólar pelos Estados Unidos em 1973. Sendo assim, o crescimento econômico da década de 1970 foi acompanhado pelo crescimento do endividamento externo, mas como as taxas de juros eram baixas, ainda não era um problema.

A situação mudou com a estratégia norte-americana de retomar o controle do sistema monetário internacional e fortalecer o Dólar como a sua moeda base, promovendo o aumento das suas taxas de juros internas e sugando a liquidez internacional para financiar os seus gastos a partir de 1979. O Brasil em pouco tempo viu a sua dívida externa tornar-se impagável na medida em que as taxas de juros eram variáveis e acompanharam o aumento das taxas internacionais lideradas pelos Estados Unidos. Dado o cenário desolador, o governo brasileiro foi obrigado a adotar políticas macroeconômicas restritivas com aumentos das taxas de juros internas, redução do crescimento e incentivo às exportações para angariar dólares e saldar o endividamento externo. Em outras palavras, o crescimento econômico do país foi abortado pelo endividamento externo, que se tornou impagável. Esses fatos transformaram a década de 1980 na década perdida pelo baixo crescimento e hiperinflação. Em 1987, durante o governo Sarney, o Brasil declarou moratória da sua dívida externa por impossibilidade de honrar seus compromissos.

O Brasil e outros países latino-americanos só voltaram ao mercado internacional através do Plano Brady de 1989, que levou o sobrenome do Secretário do Tesouro norte-americano da época, Nicholas F. Brady. Esse Plano tinha como objetivo renovar a dívida externa de países em desenvolvimento através da troca por novos bônus, que contemplavam o abatimento do encargo da dívida. Na prática, o plano permitiu que os países em desenvolvimento voltassem ao mercado financeiro internacional e transformassem a sua dívida externa em algo administrável. Contudo, como nada vem de graça, os países tiveram que se comprometer a praticar reformas liberalizantes que podem ser chamadas genericamente de *neoliberais*. É importante que você tenha em mente que essa é parte da história da implantação das políticas neoliberais e que existe toda uma ideologia por trás que se espalhou pela maioria dos países ao longo da década de 1990.

Nos anos de 1990, o grande fato referente à política monetária foi o Plano Real de 1994 com uma política de estabilização e controle da inflação. Isso ocorreu no primeiro momento do plano entre 1994 e 1998 à custa do endividamento externo, da abertura comercial às importações e da atração de capitais especulativos para sustentar um Real artificialmente valorizado. Mas, ao contrário do que é possível pensar em um primeiro momento, as reservas cambiais estavam crescendo, chegando à casa de US$ 50 bilhões. Contudo, as crises mexicana (1995), asiática (1997) e russa (1998) levaram o Brasil a ser o alvo dos especuladores internacionais que jogavam contra a sustentação do Real valorizado. Com isso, o Banco Central queimou reservas na tarefa hercúlea e inútil de sustentar o Real valorizado e o câmbio fixo. Como resultado, em janeiro de 1999, foi anunciada a desvalorização do Real e a solicitação de socorro ao FMI devido às reservas estarem muito baixas, existindo a possibilidade de não serem suficientes para honrar os compromissos financeiros e pagamento de importações feitas em dólares.

A partir do ataque especulativo ao Real e a sua desvalorização, passando a moeda a ter uma taxa de câmbio flexível, o país alterou a sua política macroeconômica. Primeiro, buscou o equilíbrio nas contas públicas, políticas de incentivo à exportação e atração de investimentos para conseguir divisas em moeda forte, usando-as para honrar os seus compromissos externos e como reservas sendo utilizadas como lastro para reduzir a possibilidade de contágio e efeitos de crises em outros países. Contudo, antes da eleição do presidente Luiz Inácio Lula da Silva, as agências internacionais elevaram o prêmio de risco de se investir no Brasil, ocasionando a saída de capitais de curto prazo e desvalorizando acentuadamente o Real, mas também acabaram incentivando fortemente as exportações e não incentivando as importações. Isso teve como resultado aumentos significativos nas exportações, chegando a saldos positivos robustos na casa dos 30 a 40 bilhões de dólares nos primeiros anos do governo Lula. Passados os problemas causados pela desconfiança em relação ao governo Lula, o Real voltou paulatinamente a se valorizar em relação ao Dólar, o país passou a atrair capital externo e os superávits primários permitiram ao país acumular grandes reservas e se colocar como um credor líquido internacional. Ou seja, a mudança estrutural do fim da década de 1990 levou o país a ter uma posição nova dentro da formatação do sistema monetário internacional na medida em que se tornou credor e passou a ter maior poder de persuasão frente ao FMI, sendo um dos países que auxilia a sustentação do Dólar como moeda base das transações internacionais.

Estudo de caso I

O caso apresentado no texto a seguir aborda uma indicativa das mudanças estruturais na economia mundial, refletindo na dinâmica do sistema monetário internacional.

Lula acertou ao chamar crise de 'marolinha', diz jornal francês

O texto do jornal *Le Monde*, intitulado "A retomada do crescimento mundial repousa sobre os Bric's", traça um panorama geral sobre a situação atual do grupo formado por Brasil, Rússia, Índia e China. 17 Set 2009 - 14h01min.

Ao prever que o "tsunami" da crise mundial provocaria apenas uma "marolinha" no Brasil, o presidente Luiz Inácio Lula da Silva teve uma visão "bastante correta", afirmou o jornal francês *Le Monde* em artigo publicado nesta quinta-feira, 17. O texto, intitulado "A retomada do crescimento mundial repousa sobre os Bric's", traça um panorama geral sobre a situação atual do grupo formado por Brasil, Rússia, Índia e China. O Bric, segundo o artigo, é o depositário da esperança "de que a fase de recuperação de seus níveis de vida perante os dos países ocidentais vai se acelerar. E de que seus modelos de crescimento, até o presente essencialmente baseados nas exportações (...), vão progressivamente dar lugar a um novo modo de desenvolvimento, que enfatize a demanda interna".

Na parte sobre o Brasil, o jornal ressalta o fato de a recessão ter durado apenas um semestre – o quarto trimestre do ano passado e o primeiro trimestre deste ano. "Atingido pela recessão mais tarde do que a maior parte dos países do mundo, o Brasil saiu dela mais cedo", afirma o artigo, chamando atenção não apenas para o crescimento de 1,9% do PIB brasileiro no segundo trimestre deste ano ante o primeiro como também para a recuperação do índice Bovespa (Ibovespa) e do real ante o Dólar e o Euro. "A rápida recuperação do Brasil aponta para a correção da estratégia adotada pelo governo e centrada na sustentação do mercado interno. As reduções de impostos em favor de automóveis e eletrodomésticos mantiveram as vendas nesses dois importantes setores industriais", afirma o artigo, que destaca também a atuação do Banco Central ao irrigar o mercado e a resistência da confiança dos consumidores.

Sobre a China, o artigo afirma que o país "não dá a impressão de sofrer com a crise mundial. A taxa de crescimento de 8% do PIB, meta do governo para 2009, deverá ser cumprida, declarou recentemente o departamento nacional de estatísticas". O jornal francês destaca que o aporte de 4 trilhões de yuans (US$ 586 bilhões) do governo na economia "amorteceu o impacto (da crise) sobre o emprego e evitou uma explosão do caldeirão social", mas ao mesmo tempo trouxe desequilíbrio, já que parte dos recursos foi dirigida para a especulação.

O *Le Monde* destaca também o "ritmo sustentado" do crescimento da Índia, principalmente nos setores industrial e de serviços. "A Índia deve sua boa performance à robustez de sua demanda interna e à resistência de seu sistema financeiro", pouco conectado ao restante do mundo. "Em um país onde apenas 15% da economia depende das exportações, a demanda interna foi pouco afetada pela recessão mundial, sobretudo nas zonas rurais, que respondem pela metade da renda nacional", afirma o artigo, acrescentando que "o país continua sendo de todo modo um destino atraente para os investidores do mundo inteiro".

A Rússia, ao contrário, "foi bem mais atingida pela crise" do que o restante do Bric. O PIB russo despencou 10,9% no segundo trimestre em comparação com o mesmo período do ano passado, após contrair-se 9,8% no primeiro. "Essa aterrissagem brutal se explica pelo modelo de crescimento russo, centrado nas exportações de matérias-primas e na dependência significativa em relação ao crédito estrangeiro", diz o artigo.

Fonte: O Povo On-Line, publicado em 17/09/2009. Disponível em: <http://www.opovo.com.br/negocios/910338.html>. Acesso em: 03 dez. 2009.

Estudo de caso II

O caso do texto a seguir apresenta o Dólar e a sua posição como moeda base para as transações internacionais, ao passo que há o crescimento das transações com moedas locais, fortemente patrocinadas pelos governos locais.

Texto II – Países do Mercosul querem comércio com moedas locais até 2010

Os quatro países do Mercosul anunciaram que pretendem usar, a partir de 2010, suas próprias moedas – e não o Dólar – nas transações comerciais dentro do bloco.

A mudança pode representar uma economia estimada em 3% do total tradicionalmente gasto com esse tipo de operação.

O compromisso foi assumido após reuniões entre representantes de bancos centrais, no âmbito da 37ª Reunião do Conselho do Mercado Comum do Mercosul, nesta quinta-feira, em Assunção.

Atualmente o comércio entre os países do bloco é realizado em dólar, mas Brasil e Argentina já utilizam o sistema de pagamentos em moedas locais desde 2008.

A próxima etapa é a inclusão de Paraguai e Uruguai ao mesmo sistema. No caso paraguaio, a adesão ao sistema depende ainda de uma modernização de seu próprio mecanismo de pagamentos internacionais.

O objetivo é que o sistema dos quatro países esteja unificado até 2010, quando então entrará em operação gradualmente e em caráter experimental.

Apesar de o compromisso ter sido anunciado no âmbito do Mercosul, o uso de moedas locais depende ainda de acordos bilaterais, entre bancos centrais.

Os países do bloco também concordaram em estudar a proposta brasileira de incluir no sistema outros tipos de pagamento, como no setor de serviços e previdenciário.

O pagamento com moedas locais diminui os custos de transação com câmbio – o que o torna uma opção interessante para pequenas e médias empresas.

Mesmo com a economia prevista com a adoção da mudança, o sistema de pagamentos em moedas locais ainda não conquistou as empresas brasileiras e argentinas. De acordo com as estatísticas do Banco Central do Brasil, os pagamentos realizados por meio do sistema de moedas locais não chegam a 5% do fluxo comercial entre os dois países. "O dólar ainda é a moeda preferida e dificilmente esse cenário mudará por uma decisão política", disse à BBC Brasil uma fonte do Ministério da Fazenda. "Exportadores querem receber em moeda americana, pois sabem que a moeda, ainda que esteja desvalorizada, é a que tem liquidez no mercado", acrescentou.

"Descrédito"

A Cúpula do Mercosul acontece em meio a dúvidas sobre o futuro do bloco, sobretudo em função da falta de consenso entre os governantes. O chanceler do Paraguai, Héctor Lacgonata, disse que o Mercosul sofre de um "crescente descrédito" e que o "desencanto quanto ao bloco está generalizado".

O governo argentino tem sido o principal alvo de críticas em Assunção. Com o agravamento da crise internacional, o país adotou medidas protecionistas que afetaram inclusive seus parceiros comerciais no Mercosul.

Fonte: @British Broadcasting Corporation 24/07/2009. Todos os direitos reservados. Esse artigo foi publicado no site de notícias da BBC Brasil: www.bbcbrasil.com. Disponível em: <http://www.bbc.co.uk/portuguese/noticias/2009/07/090724_mercosul_rc.shtml>. Acesso em: 30 set. 2009.

Síntese

Este capítulo proporciona uma noção básica, mas muito transparente, do que vem a ser o sistema monetário internacional, especialmente em relação à sua dinâmica de funcionamento. Sobretudo, explica que o sistema monetário internacional é o mecanismo que viabiliza as transações internacionais e dá suporte à integração econômica mundial. Nessa mesma linha, a moeda aparece como um fator importante para os países se integrarem à economia mundial e se relacionarem no âmbito econômico. Finalmente, o capítulo dá boa noção do posicionamento atual do Brasil dentro do âmbito do sistema monetário internacional, de país emergente e participante da periferia do sistema.

Questões para revisão

1. O que é o sistema monetário internacional? Descreva para que serve e as suas fases de evolução.

2. Qual o papel dos Estados Unidos e do Dólar dentro da dinâmica de funcionamento do sistema monetário internacional após a Segunda Guerra Mundial?

3. Em relação às uniões monetárias, julgue as afirmativas como falsas (F) ou verdadeiras (V):
(   ) As uniões monetárias surgiram apenas muito recentemente. Inclusive o Euro é uma experiência pioneira.
(   ) A moeda única é uma forma de solidificar a integração econômica entre países de um bloco.

(   ) Para que a união monetária funcione, não é necessário que os países adotem políticas macroeconômicas semelhantes e/ou complementares.
(   ) Para que a união monetária funcione, é necessário que os países adotem políticas macroeconômicas semelhantes e/ou complementares.
(   ) A criação e a implementação de uma moeda única exige que os países envolvidos estejam dispostos a abrir mão de parte da autonomia de suas políticas macroeconômicas.
Agora, assinale a alternativa que corresponde à sequência obtida:
a) F, V, F, V, V
b) F, F, V, V, V
c) V, V, V, V, V
d) V, F, V, V, F
e) F, F, F, V, V

4. Sobre a formatação atual do sistema monetário internacional, indique se as afirmativas a seguir são falsas (F) ou verdadeiras (V):
(   ) Existe um sistema de regras explícitas que todos os países seguem.
(   ) Não existe uma regra de conduta explícita como ocorria nos tempos do Acordo de Bretton Woods.
(   ) Na década de 1990, as instabilidades financeiras nos países em desenvolvimento foram frequentes.
(   ) Os países periféricos tendem a acumular reservas em moeda forte, especialmente dólares, para se proteger das instabilidades globais.
(   ) Existe um grande fluxo de capitais circulando pelo mundo, que são potencialmente desestabilizadores.

( ) Não existe a tendência de maior diversidade das moedas-base para as transações internacionais.
Agora, assinale a alternativa que corresponde à sequência obtida:
a) F, V, F, V, V
b) F, F, V, V, V
c) V, V, V, V, V
d) V, F, V, V, F
e) F, V, V, V, F

5. Sobre o Brasil e o sistema monetário internacional, julgue as afirmativas a seguir em verdadeiras (V) ou falsas (F):
( ) Como regra, o Brasil sempre teve uma inserção periférica no sistema monetário internacional, rotineiramente sujeito a crises e instabilidades.
( ) Na década de 1980, o Brasil foi expurgado da rota dos fluxos de capitais internacionais devido à crise da dívida externa que também estrangulou o crescimento do país na época.
( ) Na década de 1970, o Brasil abusou dos capitais internacionais para financiar a ampliação de sua capacidade produtiva, mas aumentou a dívida externa, o que resultou na década perdida de 1980.
( ) Na primeira fase do Plano Real (1994-1999), a existência de capitais internacionais dispostos a entrarem no Brasil foi fundamental para que o plano tivesse sucesso.
( ) Recentemente, no fim da década de 2000, o Brasil passou a ser grande devedor do FMI.
Agora, assinale a alternativa que corresponde à sequência obtida:

a) F, V, F, V, V
b) F, F, V, V, V
c) V, V, V, V, F
d) V, F, V, V, F
e) F, F, F, V, V

Questões para reflexão

1. Considerando os textos da seção Estudos de Caso, reflita sobre a possibilidade de a hegemonia do Dólar e a posição nuclear dos Estados Unidos estarem ameaçadas.

2. Por que o Brasil desejaria fazer negócios internacionais com a sua moeda? Quais seriam as vantagens e/ou desvantagens dentro do cenário internacional para o país?

Para saber mais

AGLIETTA, M. Architecture Financière Internationale: Au-Delà des Institutions de Bretton Woods. **Économie Internationale**, n. 100, p. 61-83, 2004.

Esse texto apresenta, em uma visão bem francesa, o que é a arquitetura financeira atual.

BORDO, M.; EICHENGREEN, B. (Org.). **A Retrospective on the Bretton Woods System**: lessons for international monetary reform. National Bureau of Economic Research. Chicago: The University of Chicago Press, 1993.

Os autores dessa obra fazem uma retrospectiva sobre o que foi o Sistema de Bretton Woods e as suas consequências nos mais diversos aspectos sobre a economia nacional.

Considerações finais

Após terminar a leitura deste livro, você está mais preparado para entender certos assuntos que têm relação com a economia internacional. Para concluir, queremos levantar alguns desafios da economia brasileira comparada com a de outros países para você refletir. Um deles é a globalização que fez as nações passarem a exportar um volume maior de seus produtos e se voltar com ênfase dobrada para o exterior. Apesar do aumento no volume de produtos importados e exportados, o Brasil ainda tem uma presença tímida e representa pouco do volume total de importações e exportações ou, dizendo de outro jeito, tem apenas cerca de 1% do comércio mundial.

Nossas empresas começaram a se internacionalizar. No entanto, ainda estamos em desvantagem se nos compararmos com os países mais dinâmicos do BRIC – Brasil, Rússia, India e China. Estes dois últimos estão crescendo num ritmo acima do brasileiro e exportando um volume de mercadorias várias vezes superior ao nosso e dispõem de um número bem maior de firmas já presentes no mercado internacional.

Outro ponto que podemos abordar relacionado com a economia internacional, principalmente depois da crise financeira de 2008, é que os países chamados *emergentes* estão crescendo mais que os das economias maduras, como os Estados Unidos, Europa e Japão. Essa é uma realidade nova na economia internacional. Os emergentes dispõem de algumas vantagens comparativas como matéria-prima abundante, mão de obra barata, grandes áreas de terra para plantio, que não conseguiam explorar até algumas décadas atrás.

A economia internacional confronta-se com a consolidação dos blocos econômicos regionais. Para enfrentar esse desafio, o Brasil precisa preparar quadros técnicos como ganhar *status* no cenário externo, elaborando políticas de comércio exterior, de relações internacionais e de negociações interblocos sólidas.

Em função da crise econômica que iniciou com o mercado financeiro e imobiliário norte-americano, houve uma readequação na moeda de referência internacional, que é o Dólar estadunidense. Diversas moedas passaram a se valorizar, como é o caso do Real, trazendo vantagens e desafios. As vantagens são para os turistas que viajam ao exterior, para os importadores que conseguem trazer os produtos estrangeiros por preços baixos e para as empresas que compram máquinas e equipamentos de produção para melhorar sua produtividade. Quem enfrenta problemas com o Real valorizado são as empresas exportadoras, cujos produtos perdem competitividade no mercado externo.

Existem outros temas graves com os quais a economia internacional se defronta, como o terrorismo, o tráfico de drogas, a pobreza, a fome de milhões de pessoas, o aquecimento global e a defesa do meio ambiente. Esses assuntos exigem um novo olhar de nossos governantes, técnicos, diplomatas e representantes dos governos que, de alguma maneira, estão envolvidos com a temática da economia internacional.

O mundo viu e acompanhou grandes mudanças e avanços em ciência, tecnologia, inovação, pesquisa, novos produtos e novos processos de produção. Além disso, os meios de comunicação social, com suas novas tecnologias, destacando o papel da internet, possibilitaram mudanças na economia internacional que não eram nem imaginadas há algumas dezenas de anos.

Todos esses temas fazem parte da economia internacional. Agora você está chegando ao final da leitura do livro. No entanto, lembramos que se trata apenas de uma introdução ao tema. Para aprofundar esses assuntos e conhecer outros em detalhes, sugerimos que continue estudando. Para tanto, pode começar lendo as referências bibliográficas que estão no final do livro ou as sugestões de referências no final de cada um dos capítulos. Lembre-se, por fim, de que os temas da economia internacional não param de se desenvolver e, para acompanhá-los e manter-se atualizado, é preciso seguir estudando sempre.

referências

AGÊNCIA Estado. Lula acertou ao chamar crise de 'marolinha', diz jornal francês. 17 set. 2009. Disponível em: <http://www.opovo.com.br/negocios/910338.html>. Acesso em: 03 dez. 2009.

ALIDE. Transferência de tecnologia é essencial. 2009. Disponível em: <http://www.alide.com.br/joomla/index.php/component/content/article/36-noticias/810-transferencia-de-tecnologia-e-essencial>. Acesso em: 29 nov. 2009.

APEXBRASIL – Agência Brasileira de Promoção de Exportações e Investimentos Noticias. 2009. Disponível em: <http://www.apexbrasil.com.br/portal_apex/publicacao/engine.wsp?tmp.area=27&tmp.texto=6558>. Acesso em: 25 nov. 2009.

AUMENTA tensão comercial entre Brasil e Argentina. **Último Segundo**, 27 out. 2009. Disponível em: <http://ultimosegundo.ig.com.br/economia/2009/10/27/aumenta+tensao+comercial+entre+brasil+e+argentina+8952971.html>. Acesso em: 25 nov. 2009.

AVICULTURA Industrial. MERCOSUL e UE voltam a marcar encontro. 2009. Disponível em: <http://www.aviculturaindustrial.com.br/PortalGessulli/WebSite/Noticias/mercosul-e-ue-voltam-a-marcar-encontro,20091021092546_E_980,20081118093812_F_643.aspx>. Acesso em: 24 nov. 2009.

BLANCHARD, O. **Macroeconomia**. 4. ed. São Paulo: Pearson, 2007.

BRASIL. Ministério das Relações Exteriores. **Principais temas da agenda do Mercosul**. Disponível em: <http://www.mercosul.gov.br/principais-tema-da-agenda-do-mercosul>. Acesso em: 2 dez. 2009a.

BRASIL. Ministério do Desenvolvimento, Indústria e Comércio Exterior. **Apresentação**. Disponível em: <http://www.mdic.gov.br/sitio/interna/interna.php?area=5&menu=366>. Acesso em: 30 nov. 2009b.

BRESSER-PEREIRA, L. C. Desindustriualização e doença holandesa. **Folha de São Paulo**, 9 abr. 2009. Disponível em: <http://www.bresserpereira.org.br/view.asp?cod=2307>. Acesso em: 17 out. 2009.

CASCIONE, S. Câmbio-Após ajuste, dólar retoma tendência e fecha em leve baixa. **Portal Exame**, 09 out. 2009. Disponível em: <http://portalexame.abril.com.br/servicos/guiadoinvestidor/mercado/detail/cambio-ajuste-dolar-retoma-tendencia-fecha-leve-baixa-558912.shtml>. Acesso em: 12 out. 2009.

CCBJ – Câmara de Comércio Brasil Japão (CCBJ). **Expo Brasil China incrementa comércio bilateral**. Disponível em: <http://www.ccbj.jp/index.php?option=com_content&task=view&id=416&Itemid=42>. Acesso em: 20 nov. 2009.

CÚPULA de inverno da UE coordena posição sobre futuro desenvolvimento da Europa. **China On-Line**, 9 dez. 2009. Disponível em: <http://portuguese.cri.cn/561/2009/12/12/1s116252.htm>. Acesso em: 10 dez. 2009.

CHANG, H. **Chutando a escada**: a estratégia de desenvolvimento em perspectiva histórica. São Paulo: Ed. da Unesp, 2004.

DELFIM NETTO. Um momento único. **Carta Capital**, 02 out. 2009. Disponível em: <http://www.cartacapital.com.br/app/coluna.jsp?a=2&a2=5&i=5176>. Acesso em: 10 nov. 2009.

EICHENGREEN, B. **Globalizing capital**: a history of the international monetary system. 2. ed. New Jersey: Princeton University Press, 2008.

FERNANDES, D. Exportações e consumo impulsionam crescimento. **Económico**, 9 dez. 2009. Disponível em: <http://economico.sapo.pt/noticias/exportacoes-e-consumo-impulsionam-crescimento_76268.html> Acesso em: 9 dez. 2009.

GROSMAN, G.; HELPMAN, E. Comparative advantage and long-run growth. **American Economic Review**, v. 80, n. 4, p. 796-815, set. 1990.

JAYME JÚNIOR; F. G. Comércio Internacional e Crescimento Econômico: o comércio afeta o desenvolvimento? **Revista Brasileira de Comércio Exterior (RBCE)**, Rio de Janeiro, v. 15, n. 69, p. 69-73, 2001. Disponível em: <http://www.funcex.com.br/bases/69-Teoria%20e%20Politica-FJR.pdf>. Acesso em: 15 nov. 2009.

JONES, R. W. A three-factor model in theory, trade, and history. In: BHAGWATI, J. et al. (Org.). **Trade, balance of payments, and growth**. Amsterdam: North-Holland, 1971, p. 3- 21.

KIM, R.; NELSON, L. (Org.). **Tecnologia, aprendizado e inovação**: as experiências das economias de industrialização recente. Campinas: Ed. Unicamp, 2005.

KRUGMAN, P. The Myth of Asia's Miracle. **Foreign Affairs**, New York, v. 73, p. 62-78. dez. 1994.

KRUGMAN, P.; OBSTFELD, M. **Economia internacional**: teoria e política. 6. ed. São Paulo: Pearson, 2005.

LALL, S. A Mudança tecnológica e a industrialização nas economias de industrialização recente da Ásia: conquistas e desafios. In: KIM, L.; NELSON, R. (Org.). **Tecnologia, aprendizado e inovação**: as experiências das economias de industrialização recente. Campinas: Ed. da Unicamp, 2005.

LATOEIRO, P. ONU defende criação de uma nova moeda mundial. **Económico**, 7 set. 2009. Disponível em: <http://economico.sapo.pt/noticias/onu-defende-criacao-de-uma-nova-moeda-mundial_69057.html>. Acesso em: 03 dez. 2009.

LEO, S. Brasil e EUA discutem projetos de cooperação. **Valor Econômico**, 10 dez. 2009. Disponível em: <http://www.mre.gov.br/portugues/noticiario/nacional/selecao_detalhe3.asp?ID_RESENHA=648606>. Acesso em: 10 dez. 2009.

LIST, F. **The national system of political economy**. London: Longman, 1841.

MACEDO, D. Governo subsidiará escoamento de 150 mil toneladas de trigo para o Norte e Nordeste. **Agência Brasil**, 20 maio. 2009. Disponível em: <http://www.agenciabrasil.gov.br/noticias/2009/05/20/materia.2009-05-20.5766505173/view>. Acesso em: 10 dez. 2009.

MANKIW, N. G. **Macroeconomia**. 5. ed. São Paulo: LTC, 2004.

MARIN, D. C. Cúpula do Mercosul é marcada por falta de decisões. **O Estado de São Paulo**, 8 dez. 2009. Disponível em: <http://www.estadao.com.br/noticias/economia,cupula-do-mercosul-e-marcada-por-falta-de-decisoes,478791,0.htm>. Acesso em: 10 dez. 2009.

MARSHALL, A. **Principles of Economics**. Londres: Mcmillan, 1920.

MERCOSUL. **Apresentação**. Disponível em: <http://www.mercosul.gov.br/principais-tema-da-agenda-do-mercosul>. Acesso em: 2 dez. 2004.

NAFTA. **Respuestas a las preguntas más comunes**. Disponível em: <http://www.nafta-sec-alena.org/sp/view.aspx?x=283>. Acesso em: 02 dez. 2009.

NELSON, R.; PACK, H. **Firm competitivies, technological catch-up, and the Asian miracles**, 1996.

OMC autoriza Brasil a aplicar sanções aos Estados Unidos. **Diário Comércio e Indústria**, 20 out. 2009. Disponível em: <http://www.dci.com.br/noticia.asp?id_editoria=7&id_noticia=308561&editoria=>. Acesso em: 10 dez. 2009.

PEIXOTO, F. Países do Mercosul querem comércio com moedas locais até 2010. **BBC Brasil**, 24 jul. 2009. Disponível em: <http://www.bbc.co.uk/portuguese/noticias/2009/07/090724_mercosul_rc.shtml>. Acesso em: 30 set. 2009

PINDYCK, R. S.; RUBINFELD, D. L. **Microeconomia**. 6. ed. São Paulo: Prentice-Hall, 2006.

SAMUELSON, P. Ohlin was righ. **Swedish Journal of Economics**, New Jersey, v. 73, p. 365-384, 1971.

SRINIVASAN, T. N.; BHAGWATI, J. **Outward-orientation and development**: are revisionists right? 1999. Manuscrito não publicado.

UNIÃO EUROPEIA. **Informações de base sobre a União Europeia**. Disponível em: <http://europa.eu/about-eu/basic-information/index_pt.htm>. Acesso em: 03 dez. 2009.

UNIVERSIA. **O despertar dos gigantes**: os clusters industriais estão mudando a face das fábricas chinesas. 2009. Disponível em: <http://www.wharton.universia.net/index.cfm?fa=viewArticle&id=1728&language=Portuguese>. Acesso em: 29 nov. 2009.

UOL Economia. **Brasil Foods será a terceira maior exportadora do país, dizem presidentes**. 2009. Disponível em: <http://economia.uol.com.br/ultnot/2009/05/19/ult4294u2615.jhtm>. Acesso em: 25 nov. 2009.

YOUNG, A. The Tyranny of Numbers: confronting the statical realisties of the east Asian growth experience. **Quartely Journal of Economic**, v. 110, p. 641-680, 1993.

respostas

Capítulo 1

Questões para revisão

1. Inicialmente, dadas as informações do enunciado, podemos considerar que o país A possui vantagens comparativas na produção de salsichas em relação ao B, e o país B possui vantagens comparativas na produção de maionese em relação ao país A. Portanto, se houver a integração comercial, a tendência é que o país A transforme-se em um exportador de salsichas e importador de maionese, mas sem deixar de produzir maionese na medida em que usa as importações para complementar a oferta interna. No país A ocorre o contrário do que no país B. Dessa forma, há uma nova divisão do trabalho entre os países A e B, em que o primeiro volta os seus esforços para a produção de salsichas, e o segundo, de maionese. O resultado é que os recursos produtivos são mais bem alocados e é permitido o maior bem-estar para a sociedade de ambos os países.
2. O modelo O-H pressupõe que os países mais abundantes no fator de produção que é intensivo em certo produto tendem a direcionar os seus esforços para a sua produção, devido à capacidade de fazê-lo a menor custo derivado do menor preço do fator de produção abundante. No exemplo citado na questão, o esperado é que o país A volte os seus esforços produtivos para a produção de papel, pois é abundante em capital, e esse é o fator intensivo na produção de papel. O país B se especializa na produção de canetas, pois é abundante no fator trabalho, que é o mais exigido na produção de canetas. Assim, quando houver integração comercial, o país A tende a ser exportador de papel e importador de canetas, elevando o preço relativo do papel, e é mais que compensado pela redução do preço das canetas. No país B ocorre o contrário. Em ambos os casos, o ganho de bem-estar mais que supera a perda pela maior competição sobre o setor importador, mas concentra a renda no setor exportador.
3. A
4. C
5. E

Questões para reflexão

1. A resposta é simples: é mais barato. Isto é, os norte-americanos têm interesse em adquirir componentes de calçados no Brasil porque os trabalhadores brasileiros são mais eficientes em produzi-los que os norte-americanos e, assim, esses componentes podem ser vendidos a custos menores. É claro que essa é uma visão baseada nas vantagens comparativas, mas também podemos indicar outros fatores, como

qualidade e acordos comerciais.
2. Sim, contradiz o modelo O-H. O Brasil busca comercializar produtos de alta tecnologia agregada no comércio internacional porque são os tipos de produtos que detêm maior valor agregado e dão um outro patamar ao país frente à integração produtiva mundial, alçando-o a uma posição mais relevante. Afinal, poucos países podem produzir um *software* de controle aéreo, mas muitos podem produzir minério de ferro e soja.
3. Sim, são construídas. Os modelos que vimos ao longo do capítulo, basicamente, consideram a dotação de fatores entre países relativamente estável, mas na realidade cada país ao longo do tempo passa por transformações na sua estrutura produtiva que alteram a sua competitividade e distribuição de fatores. Por exemplo, hoje o Brasil dispõe de muito mais capital na economia do que no começo do século.

Capítulo 2

Questões para revisão

1. Autarquia significa que o país não tem comércio exterior e, portanto, não importa e nem exporta mercadorias. Assim, tomando como base a situação hipotética descrita no enunciado, podemos considerar que, no país A, o preço relativo das manufaturas é menor que o de produtos agrícolas devido ao capital ser mais abundante que a terra e, de outro lado, os produtos agrícolas terem um preço mais elevado devido à escassez relativa de terra. No país B, ocorre exatamente o contrário. Assim, podemos deduzir que os setores de fatores escassos de cada país detêm uma participação na renda nacional maior do que teriam com o livre-comércio, pois podem cobrar preços relativos maiores e não sofrem a competição externa, não sendo esta compensada pelo menor preço do setor dos bens do setor de fator abundante.
2. Se ocorrer o advento da integração comercial entre os países A e B, teremos os seguintes efeitos: (i) o setor de fator abundante irá se tornar exportador, obtendo um maior mercado, e pode cobrar mais pelos seus bens, sendo beneficiado pela abertura e concentrando a renda do país; (ii) o setor de fator escasso é prejudicado, pois passa a sofrer a competição externa de produtores mais eficientes, levando ao achatamento do mercado e à redução do preço praticado internamente, forçando a reduzir sua participação na renda; e (iii) em termos de bem-estar agregado, a sociedade é beneficiada porque o aumento de preços sofrido pelo setor exportador é mais que compensada pela redução de preços do setor importador.
3. C
4. D
5. E

Questões para reflexão

1. Tanto o Brasil quanto a Argentina veem benefícios no estabelecimento do comércio bilateral, mas é necessário pesar que cada um tem interesses diversos e setores da economia que exercem pressões para não permitir a competição. Em relação à União Europeia, é a manifestação do mesmo problema.
2. As exportações servem para impulsionar a demanda agregada, refletindo em ganhos de mercado para as indústrias nacionais que podem produzir mais, contratar trabalhadores e impulsionar a economia nacional. É claro que ocorre o mesmo no Brasil e em qualquer país do mundo em que as exportações crescem.

Capítulo 3

Questões para revisão

1. O principal motivo é a redução de custos e elevação da qualidade, em que são buscados países que permitam uma estrutura de custos menor e que sejam melhores para cada produto ou serviço. O exemplo pode ser parecido com o da mochila esportiva citado no capítulo.
2. Se o país entrar em contato com a tecnologia disponível no mercado internacional, permitirá a sua indústria produzir bens de forma cada vez mais eficiente com menor custo e maior qualidade, sendo competitivos no mercado internacional e podendo competir com os produtos da mesma classe dos países tradicionais. A longo prazo, podemos prever que o país terá condições de produzir bens e entrar em ramos da indústria cada vez mais sofisticados que exigem elevado investimento em capital e desenvolvimento tecnológico. O resultado é que a sua estrutura industrial pode se aproximar dos países tradicionais, tendo os seus produtos competitivos e próximos à fronteira tecnológica.
3. E
4. A
5. D

Questões para reflexão

1. O mesmo que estudamos neste capítulo, isto é, os *cluster* ainda representam um importante elemento para as firmas obterem maiores competitividades, mesmo com o advento de novas tecnologias de comunicação e transporte que reduziram custos e encurtaram distâncias.
2. Sim. Para competir no mercado internacional hoje em dia, especialmente em ramos intensivos em capital (siderurgia, por exemplo) ou tecnologia (eletrônica de consumo, por exemplo), é necessário que as empresas sejam grandes e capazes de mobilizar grandes recursos para investir em sua atividade e se manter competitivas. Isso só é possível com uma empresa de grandes proporções.
3. O ponto-chave é reduzir custos e elevar a competitividade frente a companhias de outros países.
4 O país que recebe pode queimar etapas no desenvolvimento tecnológico e criar a sua própria tecnologia, posteriormente aplicada em novos produtos. Porém, o país só entrará na fronteira tecnológica se investir pesadamente em pesquisa e desenvolvimento. Ou seja, o apoio externo é importante, mas o fundamental é o país investir para criar a sua própria tecnologia na medida em que as mais avançadas não estão disponíveis para venda.

Capítulo 4

Questões para revisão

1. O mercado perfeitamente competitivo pressupõe três características: (i) aceitação de preços: os produtores não têm tamanho suficiente para influenciar individualmente o preço de mercado, sendo obrigados a trabalharem com os preços determinados pela dinâmica entre o conjunto de produtores e consumidores; (ii) produtos homogêneos: os produtos oferecidos no mercado são idênticos e, portanto, não faz diferença se os produtos provem de um ou outro produtor, pois ambos têm as mesmas características, podendo ser vendidos para qualquer consumidor ao mesmo preço na medida em que fornecem a mesma satisfação; (iii) e livre entrada e saída: que significa que cada produtor pode abandonar ou entrar no mercado sem custos,

sempre garantindo que o número de produtores seja suficiente para manter o mercado em equilíbrio. O exemplo pode ser o funcionamento do mercado agrícola, como fizemos em relação à soja para exemplificar esses conceitos quando foram apresentados no capítulo.

2. As duas classes de barreiras comerciais que fazem parte do instrumental do governo para intervir no mercado e evitar a competição estrangeira são: tarifárias e não tarifárias. As tarifárias representam um imposto sobre a mercadoria importada, resultando no aumento de preços em relação ao praticado no mercado externo, incentivo aos produtores nacionais a ofertarem maior quantidade de bens e aos consumidores a demandarem menos devido ao maior preço. As não tarifárias representam todas as outras formas de barreiras à entrada de produtos estrangeiros no país que não pressupõe um imposto sobre o produto importado, podendo ser exemplificado pelas cotas de importação e barreiras burocráticas, mas que criam resultados semelhantes às tarifárias, exceto pela inexistência da receita do governo, pois não há tarifa sobre a importação. Hoje em dia, a forma mais comum de barreiras comerciais são as não tarifárias, pois são bem mais difíceis de provar a sua existência e geram menos mal-estar com os países exportadores. Em ambos os casos, o bem-estar agregado da sociedade é reduzido porque os consumidores pagam a mais pelo produto que no mercado internacional, e os produtores nacionais podem ser menos eficientes devido à menor competição externa.

3. B
4. E
5. C

Questões para reflexão

1. Muitas vezes os subsídios são maquiados e, não raramente, existem diversas formas de fazê-lo. Isso que torna muito difícil um país provar que outro está praticando uma ação desleal.

2. As populações dessas regiões dificilmente teriam acesso ao trigo e seus derivados pelo preço de mercado, tendo o seu bem estar reduzido, mas com o governo o subsidiando permite que essa população consumir um bem que normalmente não teria acesso.

Capítulo 5

1. A OMC foi criada no âmbito das relações internacionais após a Segunda Guerra Mundial (1939-1945), junto com outras instituições como FMI, Banco Mundial e ONU, a fim de promover a integração comercial mundial e evitar uma guerra comercial aberta entre os países que poderia resultar no fim de qualquer integração comercial. Isso tinha como lembrança o que ocorreu na década de 1930, quando cada país deliberadamente e de forma unilateral introduziu políticas protecionistas para se proteger da Grande Depressão, sendo um dos motivos incentivadores da Segunda Guerra Mundial. Dessa forma, o seu principal objetivo era tutelar negociações comerciais em busca da liberalização e administrar conflitos entre os membros.

2. A área de livre-comércio significa que bens e serviços circulam livremente entre os países participantes, mas não determina uma ação conjunta como o estabelecimento de tarifas externas comuns para países de fora do bloco ou uma maior integração por meio, por exemplo, do estabelecimento

de uma moeda única. As uniões aduaneiras pressupõem que os países participantes permitam a circulação de bens e serviços entre os países do bloco, o estabelecimento de tarifas externas comuns para países fora do bloco, políticas comerciais conjuntas e, no extremo, transformação em um mercado comum com a livre circulação de fatores de produção e política monetária e moeda únicas.
3. D
4. C
5. A

Questões para reflexão

1. A OMC é uma forma de mediar os conflitos e dar alguma ordem às ações dos países frente às relações comerciais com o resto do mundo. Assim, mesmo que o país seja poderoso e possa descumprir o acordo, dificilmente o faz porque a instituição será útil na resolução de conflitos em outras áreas, provavelmente lhe dando ganho de causa em muitas outras questões.
2. Uma das respostas possíveis é que o Mercosul é formado por países heterogêneos e que estão em fase de desenvolvimento, sujeitos a ações intempestivas de seus governantes sem se apegar a certo pragmatismo nas relações, ao contrário da União Europeia, em que os países detêm uma boa equidade e conseguem relativamente manter a estabilidade nas relações.

Capítulo 6

1. Se o país apresenta déficit persistente em transações correntes ao longo dos anos, o resultado é que o endividamento externo cresce e pode se tornar insustentável na medida em que é necessário honrar os empréstimos. No caso contrário, o endividamento externo diminui.

2. As exportações são influenciadas por dois fatores: a taxa de câmbio real que apresenta uma relação inversa, ou seja, quanto mais valorizada, menos são incentivadas as exportações; e renda mundial, em que apresenta uma relação positiva, isto é, quanto mais alta a renda mundial, mais os produtores nacionais são incentivados a exportar. As importações também dependem de dois fatores: a taxa de câmbio real que apresenta uma relação direta, isto é, quanto mais valorizada, mais os consumidores nacionais demandam produtos estrangeiros; e a renda nacional, que também tem uma relação direta, pois quanto maior a renda do país, mais são demandados produtos importados.
3. C
4. D
5. A

Questões para reflexão

1. Sim, porque o endividamento externo permitiu ao país impulsionar o seu crescimento e desenvolvimento de uma estrutura industrial invejável.
2. A valorização cambial traz efeitos maléficos e benéficos. O lado maléfico é que pode ser uma valorização artificial que reduz a competitividade da indústria nacional e abre o caminho para o desmonte da estrutura produtiva. O lado benéfico é que tanto as empresas quanto os consumidores podem comprar bens de capital e consumo no exterior, elevando o seu bem-estar e produtividade. De qualquer forma, uma moeda valorizada não quer dizer moeda forte e, muito menos, que o país está protegido das crises mundiais

Capítulo 7

1. O sistema monetário internacional é o que permite a efetivação dos

pagamentos e recebimentos derivados do comércio internacional. Ademais, também permite a movimentação de capitais e empréstimos entre países. Sua evolução consiste basicamente de quatro fases: (i) o padrão ouro, que nasce em idos de 1870/1880 com a sua adoção pela maioria dos países e termina com a eclosão da Primeira Guerra Mundial (1914-1918), quando as moedas são lastreadas em ouro e existe livre movimentação de capitais; (ii) o período entre guerras, que, como o próprio nome insinua, abrange o período entre a Primeira e a Segunda Guerra Mundial (1914-1945), que busca reconstruir o sistema pré-1914, mas sem sucesso, sendo seguido por ondas especulativas contra os regimes de câmbio fixo; (iii) o Sistema de Bretton Woods (1945-1973), que consiste no sistema acordado pelos vencedores da guerra para reconstruir o sistema monetário internacional e dar suporte a reintegração da economia mundial, em que a regra era a regulação da movimentação de capitais e o padrão outro-Dólar, indicando o regime de câmbio fixo; e (iv) a fase Pós-Bretton Woods (1973 – dias atuais), que compreende o período entre o colapso do Sistema de Bretton Woods, ocorrido em 1973 até os dias atuais, em que a regra passa a ser a livre movimentação de capitais e taxa de câmbio flutuante.

2. Na dinâmica atual, construída no Pós-Segunda Guerra Mundial, os norte-americanos assumem a posição nuclear dentro do sistema monetário internacional, detendo o comando do sistema financeiro mundial e a moeda base das transações internacionais, o Dólar. Dessa forma, adquiriram a vantagem de consumir muito mais do que a sua capacidade produtiva, resultando em déficits externos públicos e vantagens para as suas empresas se transformarem em multinacionais. A periferia era formada inicialmente por Europa Ocidental e Japão, que recebiam empréstimos e investimentos norte-americanos como forma de impulsionar a sua reconstrução mas, em troca, exportavam para os Estados Unidos e acumulavam divisas em dólares para viabilizar as suas transações internacionais. Depois da década de 1970, a Europa Ocidental e o Japão efetivaram a sua reconstrução e conseguiram fortalecer-se no cenário internacional e, de certa forma, ficar menos dependentes dessa dinâmica. Os países emergentes do Sudeste Asiático, América Latina e produtores de petróleo passaram a acumular grandes reservas em dólares derivados das suas exportações e utilizados como forma de evitarem as instabilidades globais financeiras. Dessa forma, ainda hoje, o Dólar e os EUA conseguem sustentar a sua posição nuclear.

3. A
4. E
5. C

Questões para reflexão

1. O ponto-chave para a sustentação da posição nuclear dos EUA é a confiança do mundo no Dólar e na economia norte-americana. Porém a sustentabilidade de longo prazo é questionável, especialmente devido ao amadurecimento industrial e financeiro de países emergentes como a China.

2. A principal vantagem é que se torna impossível ter escassez de divisas para efetuar pagamento de importações, dívidas externas e alavancar investimentos, pois é a moeda nacional. Assim, são reduzidos substancialmente os riscos de se ter relações com o exterior.

Sobre os autores

Armando João Dalla Costa

É licenciado em Filosofia pelo Centro Universitário Assunção (UniFai, São Paulo), mestre em História Econômica pela Universidade Federal do Paraná (UFPR), doutor em História Econômica pela Université de Paris III (Sorbonne Nouvelle) e pós-doutor em Economia pela Université de Picardie Jules Verne (Amiens, França). Também é professor adjunto no Departamento de Economia e no Programa de Pós-Graduação em Desenvolvimento Econômico da UFPR. É autor dos livros *L'Agroindustrie brésilienne contemporaine: innovations organisationnelles et transformations technologiques dans l'aviculture* (Villeneuve d'Ascq, França, 2000) e *Sucessão e sucesso nas empresas familiares* (Curitiba: Juruá, 2006), e organizador dos livros: *Estratégias de desenvolvimento regional e urbano* (com Márcia Graf, Curitiba: Juruá, 2004); *Empresas, empresários e desenvolvimento econômico no Brasil* (com Adriana Sbicca Fernandes e Tamás Szmrecsányi: São Paulo: Hucitec, 2008). Foi fundador e é o coordenador do Núcleo de Pesquisa em Economia Empresarial (http:www.empresas.ufpr.br). É coordenador do Curso de Ciências Econômicas da UFPR (Gestão 2008-2010) e vice-presidente da Associação Brasileira de Pesquisadores em História Econômica (Gestão 2009-2011).

Elson Rodrigo de Souza Santos

É graduado em Economia pela UFPR (2008) e mestrando em Desenvolvimento Econômico também pela UFPR (bolsista do Conselho Nacional de Desenvolvimento Científico e Tecnológico – CNPq). Tem como áreas de interesse a dinâmica do sistema financeiro internacional, os conflitos inerentes à história da economia capitalista e sua interligação com sistema financeiro, tal como as repercussões desses aspectos sobre a organização do setor produtivo em nível nacional e internacional. É membro do Núcleo de Pesquisa em Economia Empresarial (http://www.empresas.ufpr.br).

Impressão: Maxi Gráfica
Fevereiro/2016